Ver fugarse los crepúsculos

Ver fugarse los crepúsculos
Poesía bonita y que se entiende de Colombia

Edición coordinada por Emilio Jaramillo

Título original: *Ver fugarse los crepúsculos. Poesía bonita y que se entiende de Colombia*
Primera edición, noviembre de 2025

© VV. AA.
Coordinador de la edición: Emilio Jaramillo
© Diseño de cubierta: Pablo Pérez Puig
© Diseño y maquetación de interior: Marta Vega

Depósito legal: M-23854-2025
ISBN: 979-13-990802-3-0

Impreso de forma cariñosa en España.

Índice

Prólogo

Fue en 1916 que León de Greiff declaró que no era poeta por «la barba, el pelo y la alta pipa», sino porque se le antojaba fingirse paraísos. Lo hacía ante un panorama poético y literario que llevaba años adormecido en formas y temas arcaicos, limitados a las descripciones de animales y lugares exóticos, y cuya escritura no era más que el entrenamiento para la redacción de discursos en una futura carrera política.

Aunque algunos poetas anhelaban otras formas de escritura, las estructuras tradicionales seguían dominando la escena literaria colombiana. Un primer intento de renovación llegó con el grupo Los Nuevos, al que pertenecía León de Greiff, pero no fue suficiente para lograr un cambio trascendental en el panorama poético. No fue sino hasta poco antes de la mitad del siglo xx cuando Eduardo Carranza y un grupo de poetas, inspirados por un libro de Juan Ramón Jiménez, fundaron Piedra y Cielo, uno de los primeros movimientos vanguardistas en Colombia. Con su llegada, la poesía en el país dio un giro en sus formas y temas que permitió un avance en la escritura que, hasta entonces y aunque se quería, no se había logrado. Hoy en día es probable que esos poemas no nos parezcan motivo de escándalo, pero así lo fueron en su momento. Y lograron que, años después, poetas como Jorge Gaitán Durán publicasen poemas eróticos e incluso traducciones del marqués de Sade, lo que en otro tiempo hubiera sido impensable.

A Piedra y Cielo le siguieron generaciones y movimientos literarios como Mito y Eco, llamados así por las revistas en donde se publicaban sus textos, los nadaístas y voces tan significativas como Aurelio Arturo o Álvaro Mutis que se desligaban de movimientos literarios, aunque los observaban de cerca. El siglo xx fue para la poesía colombiana una gran expansión de horizontes que nos permitió conocer la maravillosa poesía de mujeres de la talla de Laura Victoria, Meira Delmar, Maruja Vieira, María Mercedes Carranza o Piedad Bonnet. El panorama poético colombiano es, gracias a la ruptura de moldes que ocurrió en el siglo xx, amplio y fructífero en todo el país.

No es difícil comprobar que en Colombia se escribe poesía —y buena poesía— cuando, para la presente antología, se recibieron textos desde el extremo norte hasta el extremo sur. A la convocatoria llegaron poemas desde Pasto, Cali, Bogotá, Manizales, Cúcuta, Medellín, Barranquilla, Santa Marta, San Andrés, e incluso de colombianos que viven en Francia, Portugal y Estados Unidos. Si bien algunos de estos poetas no fueron seleccionados para esta antología, no fue porque su escritura fuera de un carácter menor. En algunos casos la trayectoria de los autores era ya muy extensa y se quiso priorizar las nuevas voces.

Los autores que aquí aparecen tienen una sensibilidad poética admirable. Los temas y estilos son tan diversos que pareciera que lo único que comparten es la calidad de su poesía. Se habla del dolor, del desamor, de la nostalgia, de la muerte, de la pérdida, de la angustia, de lo que significa vivir en un país como Colombia. Cada poeta y poetisa ha comentado los elementos que influyeron en su escritura, ya sea lo que los inspiró o lo que quieren que el lector encuentre en sus poemas. Hay poemas de carácter muy íntimo, otros que surgen de los aspectos más cotidianos de la vida y algunos que surgen desde las profundidades de la existencia.

En cualquier caso, como ha ocurrido a lo largo de la historia literaria en Colombia, la poesía ha sido una forma de darle sentido a una realidad tan polisémica y diversa como la nuestra. No es de extrañar, entonces, que haya una larga trayectoria de poetas que no lo son por la barba, el pelo o la alta pipa, sino porque prefieren las palabras como su manera de mirar el mundo, alejándose de la urgencia productiva para perderse en el viaje poético por las vegas del Zipa, viendo fugarse los crepúsculos.

Emilio Jaramillo
Bogotá, 2025

1

Natalia Romero Ospina

Nació un 18 de noviembre en 1994. Vivió en la Costa Caribe durante su infancia, luego creció en Bogotá; por lo que, como ella dice, no pertenece a ningún lado. Docente de oficio, disidente sexual, entusiasta de la literatura, profeta del hastío. Trata de darle sentido a la vicisitud de su práctica desde la poesía; una escritura poco prolífica y trabajada, más bien una catarsis, más bien una forma de evadir el disgusto.

ORBITAS

I

Había una imbricación entre el vacío y la gravedad.
Pertenezco a la interacción fundamental de la vida y la
                                        [existencia.
Vivo por hábito y costumbre, levitando en el vacío;
                                [buscando el sentido.
Despierto, leo, escribo y repito.
El hábito anhela descanso.

II

De las ausencias y del vacío me nutro.
Una fuerza inevitable me atrajo hacia ti.
De rotar a la deriva, ahora orbito tus carencias.
Todo cobra sentido, la existencia se renueva, venero la
                        [intensa geometría de la vida.
He encontrado mi lugar en el mundo.

III

La sentencia de la costumbre acecha nuestro caos.
Es de nuevo la estrategia del silencio, alejando nuestros
[rumbos.
Leer, escribir, no dormir y repetir.
La cama es abismo sin ti.
Regresa la levedad de la existencia.
Ahora habito la gravedad de no tenerte.

Comentario de la autora

Traté de establecer una relación entre el vacío y la gravedad, el hábito y la renovación, la cercanía y la distancia. Exploré cómo las dinámicas de las relaciones son la monotonía del hábito, al descubrimiento del sentido a través del amor y luego de vuelta al vacío y la repetición.

SEPULCROS

I
La muerte es el testigo silente de la vida,
Aguarda la fuga
El cuerpo se desvanece.

II

Fugarse en la sístole afanosa del olvido
Es la muerte mi único destino
El alma perece.

III

Quiero ser la carroña que se dispone en un entierro
[celestial,
Donar la carne mal habida al infinito perdón
Alma y cuerpo son ocaso en esta tierra.

NATALIA ROMERO OSPINA

Comentario de la autora

Busqué abordar la muerte como el destino único; es omnipresente, inevitable, paciente. Quería con el poema evocar la dualidad del alma y del cuerpo, atravesada por la muerte, sin ofrecer consuelo o paz, sino más bien una confrontación cruda con lo efímero de ambas dimensiones. También quería evocar cómo podría existir una trasmutación espiritual trascendente después de la muerte, no solo putrefacción. Fue escrito como catarsis de una pérdida, no cumplió el cometido.

INÉDITO I

Tu piel de otoño dona
Besos caníbales a la providencia.
Pobre mi alma,
Ahora es primavera.

Comentario de la autora

Aquí hay una experimentación acaso desdeñosa de la tradición oriental de la economía del lenguaje, pero no de la estética de lo emotivo. Surge con la necesidad de nombrar la metamorfosis de sentires nuevos y complejos. Buscaba la representación del apetito del enamoramiento y la transición que conlleva y espera ser una conjuración de felicidad venidera.

Comentario del editor

Uno de los factores comunes que se encuentran a lo largo de los poemas de Natalia Romero y que es tal vez uno de los más difíciles al escribir poesía es la profunda sinceridad que está en cada uno de ellos. La poesía surgiendo como una necesidad existencial, como una forma de entender la vida, como una conjuración, como una catarsis.

En el poema «Orbitas», hay cierta lucidez que entiende los momentos cíclicos de las relaciones, con un primer momento en el vacío y la gravedad de la soledad, otro que es el despertar a una «intensa geometría de la vida» y uno final en donde la gravedad se siente más por la nueva soledad. En «Sepulcros», las imágenes que se evocan son certeras: la muerte que nos espera

pacientemente mientras tratamos de huir al desvane-
cimiento y al olvido, para luego manifestar el deseo de
ser «carroña que se dispone en un entierro celestial»,
haciéndonos ver que lo que se quiere es, en esencia, ser
profano en el mundo de lo sagrado. En «Inédito I» hay
una piel de otoño que quiere devorar un alma que es
primavera, solo que entiende este ser devorado como si
las dentelladas fueran tiernos besos regalados, aunque
sabe que cada uno de ellos la consume y siente lástima
por su pobre alma.

Los poemas, en general, tienen un tono de triste-
za sosegada y contemplativa. Son para leer despacio,
saboreando cada una de las palabras, entendiendo los
contrastes de otoño y primavera, del alma y el cuerpo,
del vacío y la gravedad, sin perder de vista las hermosas
imágenes que nos propone.

2

Catalina Villegas Burgos

Nació en Manizales, Colombia, en 1985. Se graduó en ingeniería física y periodismo científico, pero desde niña ha conservado una fuerte pasión por la poesía y el dibujo. En 2002 obtuvo el primer puesto, categoría juvenil, en el concurso nacional I Premio de Poesía San Juan de la Cruz, organizado por la Universidad de Salamanca. En 2019 obtuvo uno de los cinco primeros puestos del concurso nacional de poesía La Palabra, Espejo Sonoro, convocado por la Casa de Poesía Silva. Recibió mención de honor en la edición 2020 del concurso nacional de poesía de la Casa de Poesía Silva. Reside en Montreal, Canadá, desde 2009. Algunos de sus trabajos gráficos y literarios han aparecido en revistas impresas y digitales. En 2022 publicó su primer poemario, *Membranas*, del cual es también ilustradora. En 2024, un poema suyo fue uno de los 10 ganadores del concurso Dehors Est un Poème en Montreal, Canadá.

POEMA AZUL

I

No habla nunca Homero
del azul.
No lo mencionan
los antiguos poemas védicos
ni las sagas vikingas.
¿Qué era el mar?
¿Una baba gris
salada y espumosa?

Y el cielo diurno
aún no descubierto
un no objeto
abriéndose hacia nadie.
Inexistente sobre una tierra plana.

Intento no ver el azul.
Ver el cielo de Homero
y no el de Ovidio,

que cantó la tragedia de Cíane
y sus lágrimas azules.

Contemplo la postal
de una playa toscana
estoy ahí hace tres mil años
rodeada de un no-azul.
¿Tendré un adjetivo para nombrar esa vastedad?

El cielo es azul porque está vacío de color.

II

Seis hombres salen en busca
del azul bíblico tekhelet.
Un rabino, dos químicos, un buceador,
un doctor en física
y un terapeuta ocupacional.
Saben que se han de ordeñar
doce mil caracoles
Murex trunculus
para teñir el borde de una prenda
con aquel pigmento hebreo
descrito como el color
del «cielo despejado del mediodía».

Es preciso poner la tela al sol
para que la tinta purpúrea
y pútrida
se transforme en azul
y no en amarillo.

Una hebra teñida en tekhelet
debe atravesar el tejido del talit
—prenda de oración de los judíos.

Los flecos del chal
llevan un hilo de sangre de caracol.

En su tinta cerúlea
está el recuerdo

de los mandamientos de Dios.
En la naturaleza
nada es celeste sin sacrificio.

III

Del chal judío y sus franjas
viene la bandera de Israel.
Creada cuando el primer azul sintético

llevaba trescientos años
siendo un pigmento ordinario.
El mismo azul de Prusia
de *La gran ola* de Kanagawa
y de las manchas
que se extienden
por las cámaras de gas.

IV

En *La Última Cena*
Da Vinci vistió de ultramar a Jesús
un color que se obtiene del lapislázuli.
Su precio superaba al del oro.

Para Judas usó azurita
el más burdo de los azules.

Para este poema uso el azul
de un bolígrafo robado.

Comentario de la autora

Lo escribí como resultado de mi obsesión con la natura-
leza de la luz y del color. Indagando sobre la historia del
color azul, mi curiosidad y fascinación se desbordaron al
punto de llevarme a hacer un texto poético.

ESTADOS DE LA MATERIA

Nadie ha puesto las cenizas de papá a los pies de un
                                              [árbol:
un casco de buey o un sietecueros, por ejemplo,
ni las hemos lanzado a alguna quebrada en Manizales.
No supimos, no recordamos, si había un deseo al
                                              [respecto.

El cofre de madera sigue en la misma mesa
donde mi madre pone fotos familiares:
unas de ella y su compañero,
o de nosotros. Ninguna de él.
Cada navidad, pone también un pino artificial junto a
                                              [la caja
que se hizo invisible a fuerza de costumbre.

Van tres años de reencuentros familiares
y no se habla del cofre.

Colecho sustancias secretos trasnocho inventos
parafina parafilias neurosis cafeína humo cenizas

7000 USD cuesta un diamante hecho de cenizas o de
[cabello
3% del carbono de las cenizas es suficiente para un
[quilate
9 meses tarda el diamante en formarse en prensas suizas
[de altísima presión
73% de nuestros átomos provienen de la muerte de
[estrellas
65% de nuestro cuerpo es oxígeno.

Oxígeno en 35. Ya no satura, escribían mis hermanos en
[el chat
Ya vamos con él en la ambulancia…
Siempre fue tan ligero su cuerpo.

Solamente.

Nos queda lo intangible.
Poemas inéditos, operetas improvisadas en la ducha,
olor corporal reincidiendo en cobijas de clima frío,
[cada primer sorbo de tinto,
un corrillo de dedos jugando en la oscuridad de esa
[barba cada navidad.

Todo esto se parece a no tener padre.

Comentario de la autora

Siento que tengo una deuda con mi padre. La deuda sigue ignorada como había sucedido con el destino de sus cenizas en el momento del poema (tres años después de su muerte). Es una deuda de escribirle tantos poemas como él me escribió a mí. Una deuda de publicar los poemas de él, pues todos se quedaron inéditos… Hace apenas un mes que, por fin, se sembró un guayacán en la finca de mi hermana y pusieron sus cenizas en la tierra que acoge sus raíces.

Catalina Villegas Burgos

AMAR ES VER
(SEXTINA)

inténtalo otra vez, abre los ojos
mira la expansión de tu corazón
el amor entra y sale de la piel
un icosaedro danza en tu ombligo
obsérvalo y ponlo sobre tus manos
como hondas raíces se hunden tus pies

una boa de luz lame tus pies
no das crédito a lo que ven tus ojos
hojas de hierba brotan de tus manos
el mundo late con tu corazón
la luna gravita desde tu ombligo
extendiendo su órbita hasta tu piel

rasga el cielo el anverso de su piel
planctas y astros caen a tus pies
naces de nuevo de tu propio ombligo
ves la luz primera entrando a tus ojos

igual que el mar late tu corazón
dulces y pequeñas son esas manos

piensas en lo que tocarán tus manos
hoy que naces y que es nueva tu piel
¿cuál textura para tu corazón?
¿Cuál es el camino nuevo para tus pies?
¿Qué miras ahora con nuevos ojos?
¿Te atreves a cortar tu propio ombligo?

¿Es paradójico cortar su ombligo?
¿No te alcanza aún la fuerza en las manos?
Vuelve a este instante cierra abre los ojos
¿Es nuevo el camuflaje de tu piel?
¿Podrías contar en ti mil y un pies?
¿Es irónico abrir el corazón?

Si intentas responder, el corazón
dirá que no cortes tu propio ombligo
y que mil y uno es igual que dos pies
si tocas algo nacen otras manos
abrazando el mundo crece tu piel
los ojos del mundo, millones de ojos

el universo que extiende sus manos
ves el micelio, sientes ese ombligo

cuyas ramas son infinitos pies
y cuya energía vibrante es piel
cada rizoma va hasta un corazón
inténtalo otra vez, cierra los ojos.

Comentario de la autora

La inspiración de este poema me atravesó como un relámpago. De algún modo, las imágenes del poema reposaban latentes en mi inconsciente. El momento en el que lo escribí no hubo pausas para pensar, fue un flujo que parecía venir de otro estado. Haber estado, hace unos años, una noche en comunión con plantas sagradas, puede ser la semilla que detonó este poema.

Comentario del editor

No sería equivocado equiparar la poesía de Villegas Burgos con la de Wislawa Szymborska o la de Ida Vitale. Hay en su poesía un estado de descubrimiento constante y maravilloso de la realidad. Despierta en el lector la misma fascinación por la vida. Hay una luminosidad que abarca todos los poemas, incluso cuando se refiere a la muerte de su padre. Nos deja ver, además, que es una poesía culta pero que no presume de su conocimiento, tan solo lo utiliza como si fuese una figura retórica y por eso es bello entender la historia o cualquier otra cosa que nos mencione en su poesía.

«Poema azul» es, sin duda, uno de los mejores poemas de toda la antología. Sin caer en lugares comunes ni en el recuento erudito, nos invita a ver la vida de un color que parecía negado al mundo de los seres humanos. ¿Cómo imaginar el cielo no azul de Homero? ¿Cómo pasar por alto el azul asignado a Jesús y a Judas en *La Última Cena*? Y el azul del «bolígrafo robado» parece sugerir que el azul es también un color íntimo, aunque sea el mismo color del cielo. En «Estados de la materia», se habla de un acontecimiento triste que todavía trata de asimilarse, de hacer algo con esa no presencia que ronda la vida de una familia y del no actuar por no saber cómo. Las cenizas que bien podrían estar debajo de un árbol, arrojadas a un río o convertidas en un diamante nos recuerdan que la materia se transforma más rápido de lo que nosotros podemos asimilarlo.

Esta poesía, luminosa y bella, parece estar escrita para leer en voz alta, como un canto alegre a la vida.

3

Fredy Yezzed

Bogotá, Colombia, 1979. Poeta, escritor y activista de derechos humanos. Después de un viaje de seis meses por Suramérica en 2008, ha elegido la extranjería como un camino de conocimiento y sensibilidad. Ha vivido en Buenos Aires y Nueva York. Actualmente radica en Caracas. Por su tercer libro de poesía, *Carta de las mujeres de este país* (Nueva York, 2019), recibió la Mención de Poesía en el Premio Literario Casa de las Américas 2017, La Habana, Cuba. El libro fue llevado al teatro con el título *Un país sonoro y secreto. Lectura dramática de «Carta de las mujeres de este país»* (2020) y luego como parte del ensamble *Las Troyanas* (2021-2022); las dos puestas en escena fueron realizadas por el colectivo de creación teatral Diente de León–Teatro de Colombia, bajo la dramaturgia y dirección de Manuel José Jaimes González; la última obra fue una de las más elogiadas por la crítica y el público en el Festival Mujeres en Escena por la Paz (Bogotá, 2022). Codirige Abisinia Editorial S.A.S. y la revista virtual de literatura, cultura, memoria e ideas *Abisinia Review*.

CARTA AL HOMBRE QUE ASESINÓ A MI HIJO

Todas mis noches, oración tras oración,
te deseé la sangre más negra.
Dije piedra, dije mercurio, dije lobo,
dije árbol podrido en tu corazón.
Maldije las manos de tu madre
que le dio horma a tu cuerpo con esperanza.
Maldije a la mujer que te amó creyendo que era amor.
Maldije a la partera que te salvó de ser ángel,
de ser miel, de ser boca tierna.
Lejos de mi lengua lancé el pueblo de calles
empedradas que te vio correr,
al país que te dio un nombre
y este derecho de triturarnos y hacernos olvido.
Encadenada a tu odio, te profesé todo mi amor,
y te profesé todo mi vacío.
Soñaba con tu rostro bajo mis uñas,
soñaba que me soñabas mirándote en silencio,
soñaba que la lluvia golpeaba a tu ventana
con vísceras de cordero.

Pero cuando la zozobra me quebraba
los huesos, la vida te puso frente a mis ojos:
no podía creerlo, en tu joven rostro vi el rostro de mi
[hijo,
en tu mirada perdida vi su última mirada, en tu cabello
revuelto vi su grito llegando alegre de la escuela,
con los perros y con el hambre.
Ahora que buscas en el fondo turbio del estanque
una moneda, ahora que añoras entre las hierbas
otro nacimiento, ahora que tus manos heridas
se niegan a herir, dime, contesta a este marco sin
[fotografía,
a esta bicicleta abandonada, a este tigre muerto que es
[tu país: ¿Quieres mi perdón? ¿De qué te salva él?
¿Qué destruye,
qué levanta, qué esconde bajo los álamos olvidados?
¿Servirá de algo que limpie la sangre
de mi hijo de tus manos?
El perdón duele, sale del estiércol, vuela por encima
de nuestras cabezas, perfuma, mas no termina
de lavar nuestras naranjas ensangrentadas.
En medio del pan duro y los ácidos más crueles:
te perdono —pequeño huérfano—, te perdono
y me libero de tus alambres,
te perdono y desanudo tus púas más hirientes.

FREDY YEZZED

Dime tan solo una última palabra.
Dime bajo qué piedra debo buscar su nombre,
dime en el fondo de qué río debo cantar su melodía,
dime entre las hierbas envenenadas
en qué corazón debo escarbar…

Tú y yo somos dos cuervos que se miran sin consuelo.
Tú y yo somos este jardín de los desaparecidos.
Este amor violento.

Comentario del autor

Lo escribí después de entrevistar en 2016 a Teresita Gaviria, una de las lideresas de las Madres de la Candelaria, una agrupación de más de 800 mujeres que están buscando a más de 2000 desaparecidos en el departamento de Antioquia. Teresita Gaviria tuvo la oportunidad de tener frente a frente al paramilitar que asesinó a su hijo y lo perdonó. Dicho paramilitar fue uno de los 33 000 individuos que se desmovilizaron sospechosamente durante el gobierno del expresidente Álvaro Uribe. El poema, sin ser su autor muy consciente al principio, toca uno de los temas más difíciles de nuestro conflicto desde lo ético, lo moral y lo jurídico: el perdón y sus bases para la construcción de una verdadera paz.

CARTA A UN MUERTO DEBAJO DE LA MESA

El tiempo entra en la boca y pronuncia nuestro nombre.
Qué forma más extraña, Santiago, de querer meterte
      en la vida, pegar la vuelta,
echar para atrás como un caballo asustado por una
                            [víbora.

Tu mano, Santiago, asoma por los bordes de la mesa.
Recuestas tu mejilla muerta en nuestras piernas
y con el gato compites por una caricia en el pecho.
Esa suavidad de nuestros dedos entre tus cabellos.
Cierras los ojos lentamente y respiras profundo.

Las familias de este pueblo cenan con muertos bajo la
                            [mesa
y de vez en cuando el sabor de la sangre les invade la
                            [boca.

Santiago, tu cuerpo caliente debajo de la mesa, ¿a quién
                                                    [llama?,
¿a qué mano desea morder, a qué palabra increpa?
El filo de tu mano entra por debajo de nuestras mujeres;
tus uñas sucias, lastimadas, arrancadas;
el castañear de tus dientes interrumpiendo la
                                        [conversación.

Hacemos caso omiso de tu sollozo que lava
nuestros pies bajo la mesa.
Oscureces rápido, como cuando se deja de ver —frente a
nuestros ojos— una fotografía que tuvo valor.

Te chupa el abismo que hay debajo de la mesa
de toda buena familia.
Quieres que nos duela tu dolor, quieres dolernos.

Santiago, el animal mojado de tu miedo palpita,
y bajo la mesa diaria, sin darnos cuenta:
—entre el *buenos días* y el *te amo*—,
desaparecemos tu nombre.

FREDY YEZZED

Comentario del autor

Es un poema que relata una sensación que me ha acompañado desde la adolescencia, desde que empecé a ser más consciente de la violencia que vive Colombia: aquella donde las familias de mi país, frente al televisor y viendo las noticias sobre su violencia, cenan en compañía de sus seres queridos. Una noche, mientras el noticiero mostraba las imágenes de una docena de cuerpos asesinados en una masacre, sentí que la cuchara de sopa que me llevaba a la boca sabía a sangre. Santiago es el nombre de uno de los tantos muertos nuestros que vive escondido debajo de las mesas de aquellas familias a las que les duele verdaderamente nuestra tragedia.

CARTA QUE SUEÑA CON UN CABALLO

Has cambiado de forma, Tirso, en el sueño de tus hijos.
Ya no eres un hombre crucificado ante su miedo,
ese salto mortal, la laguna de sangre en la que te diluiste.
En esta mañana nublada —como aquella—
hubieses deseado que no te vieran tus pequeños
recoger los panes de la humillación.
Qué error, piensas, si es que piensas, fue llevarlos
a caminar por aquella calle, que ahora evitan transitar.
Cientos de veces se despertaron salpicados
        de gritos en las pesadillas.
Esta tarde nublada, si es que hay nubes donde estás,
        no te martirices:
a su sueño ahora desciendes en forma de caballo
desde una colina de pastos verdes y frescos.
Te acercas a tus hijos lentamente,
haces inolvidable lo breve, dejas que deslicen
con timidez las manos sobre tu cuello
        espléndido y caliente.
Hay algo mágico: tú lo intuyes y ellos aún no,
vienes desde lejos para decirles que no están solos.

Un relincho, un escalofrío, tus cascos golpeando
        tres veces la tierra,
no tienes otro lenguaje que el de los sueños.
Con el viento desordenando tu crin, con el negro
profundo de tus ojos, con las pestañas largas
y maravillosas, les pides perdón por aquella mañana
        en que la lluvia se tiñó con su padre.
No sufras, amigo, si es que hay angustia en este sueño
de tus hijos: tú no los llevaste a aquella cita,
tú no los metiste a esta carta,
fueron tus hijos los que te tomaron de la mano y
        te entregaron al viaje.

Cumple tu historia colombiana:
        ven trotando manso y humilde.
        Danos tu dolor y tu belleza.

Comentario del autor

El poema «Carta que sueña con un caballo» está dedicado al líder de la Unión Patriótica, psicólogo y poeta Tirso Vélez, quien fue asesinado el 4 de junio de 2003, frente a sus dos hijos y su esposa en el centro de Cúcuta. Tirso Vélez lideraba las encuestas para ser gobernador del departamento de Norte de Santander representando al partido Polo Democrático. Su asesinato fue ejecutado por la organización paramilitar Bloque Catatumbo de las AUC en complicidad con las Fuerzas Militares.

Comentario del editor

Aunque los poemas de Fredy Yezzed tienen por sí mismos una belleza intrínseca, tal vez tengan una sensibilidad diferente para los colombianos, pues los tres refieren parte de nuestra cruda y triste historia de violencia que inició hace muchos años y que no ha terminado aún. Asesinatos, desapariciones, madres que buscan a sus hijos hacen parte de una cotidianidad que nadie debería estar condenado a vivir. No son, pues, tan solo temas que se abordan, es la realidad que duele y que surge a través de la perspectiva poética, que reclama poner la mirada sobre lo que algunos quieren que ignoremos.

«Carta al hombre que asesinó a mi hijo» es quizá el poema más conmovedor de los tres, pues habla desde la perspectiva de una madre que tiene en frente a su victimario, asesino de su propio hijo. Sin embargo, lo que ve no es a un asesino, ve a otro joven que le recuerda a su hijo y que pide su perdón. Habla de la historia de Teresita Gaviria, pero sabemos que es la historia de muchas madres que buscan a sus hijos, con la esperanza casi perdida de encontrarlos vivos y de tener de frente a sus verdugos para exigirles explicaciones, para poder entender los motivos y así tal vez sobrellevar el duelo de otra manera, porque han dedicado su vida a buscar a sus hijos. Una historia muy similar la cuenta una mujer ante la mirada triste del papa Francisco, una madre que se encuentra con un joven de la misma edad de su hijo desaparecido y al que acoge en su casa sin saber que fue él quien lo asesinó.

En «Carta a un hombre debajo de la mesa» y «Carta que sueña con un caballo» se nos habla de las innumerables muertes violentas que han ocurrido en nuestro país. Ante la mirada atónita de un joven que ve cómo se mata a otro joven que pudo ser él y que por eso siente el cuerpo debajo de la mesa y cuya sensación de frustración se repite al saberse la noticia del asesinato de un poeta, que también se siente como propia. Es difícil ser indiferente a la realidad de un país que lleva buscando la paz desde hace tanto tiempo y que se ha llevado tantas voces.

El trasfondo de los poemas, sin embargo, no debe hacernos olvidar que son poemas, cuyas imágenes no dejan de ser sorprendentemente bellas y cuyas palabras piden ir de boca en boca.

4

Stella Higuera

Zapatoca, Santander, Colombia, 1951. Poeta, gestora e investigadora cultural. Publicó los libros de poesía *Fábrica de asombros* (Bogotá, 2005), *Puñado de nueces* (Bogotá, 2018) y *Regresar a la dicha. Diario de una sobreviviente* (Bogotá, 2022), quinto libro premiado en el Concurso Ediciones Embalaje 2021, organizado por el Museo Rayo. Es economista de la Universidad Cooperativa de Colombia y máster en Administración Financiera de la Universidad Santo Tomás. Es cofundadora de la Corporación Kosmo-Arte con los escritores Blanca García Ramírez y César Augusto Duque. Actualmente, hace parte de «Palabreras», colectivo de mujeres que leen y escriben.

LA FERRETERÍA

1

Siento el ruido que hacen al caer las varillas de hierro sobre el piso. Chillan como roedores, pero no se quiebran. Son más eternas que los huesos.

2

El olor del cemento también es un estruendo que entra por las ventanas. Atisbo esa fila de hombres que trabajan. Me abruma el peso que soportan las espaldas. Son bultos de 50 kilos donde cargan toda la luz del día.

3

Las tejas me otorgan protección y transparencia. Ellas pueden convertir en parajes mis sueños. Me conducen a construir la fortaleza para mis angustias. Desde aquellos tiempos me gusta la palabra traslúcida.

4

Las carretas llegan a descargar arenas de río y gravilla. Observo cómo en un segundo se alzan las montañas y en otro se derrumban. No sé por qué pienso en los seres que han partido.

5

No puedo olvidar el brillo plateado de los grifos en cada recinto del hogar. ¿Qué sería de nuestra vida sin esta bisutería tan perfecta? Como un riachuelo me traen las aguas limpias y se llevan los recuerdos malos.

6

Los tornillos y las puntillas sostienen el mundo, lo decoran. Esos humildes servidores pasan desapercibidos.

7

Los pedazos de arcilla amasados y cocidos sostienen y moldean los espacios. Los ladrillos siempre hacen fila, esperan resignados el momento de escalar las alturas. Son buenos compañeros. Se abrazan, se agolpan, se fusionan. Entienden que así son compasión y resisten los embates del tiempo; guardan en su dureza la memoria fugaz de los pueblos.

8

De la pintura me gustan los colores. Disfruto la belleza de su olor. Suaviza la existencia. Es el vestido nuevo de la casa y el traje que se luce en los festejos. En cada rincón de la ferretería germina la flor de los duraznos, la vainilla, los pinos.

¡Cómo renueva la pintura! Puedo pensar que sana.

Comentario de la autora

Como alternativa a mi profesión de economista, me desempeñé durante 20 años como propietaria de una ferretería donde estuve en contacto con los materiales que se usan en construcción y con las personas que están en este oficio. Ocasionalmente tenía que transportar en mi camioneta los pedidos.

«La ferretería» es la evocación de aquella época de trabajo y aprendizaje. Esa experiencia me permitió desarrollar una visión poética sobre elementos que generalmente son considerados antipoéticos. Aquí la materia y los sentidos se ponen en movimiento y es también un canto de resistencia.

Stella Higuera

ECOS DE LA NADA

I
Buscar la nada entre tanto ruido
        no es imposible.
Es entrar en un vacío
donde todo pasa y se queda.
Se queda y trasciende
hacia la noche de la iluminación.

II
La muerte no es más que volver a la nada,
retornar a un abismo repleto de palabras
y como Rulfo
ascender por los ecos.

III
Cuando busco la nada
me oculto en mí.
Me pierdo entre ecos y silencios.

Comentario de la autora

Este poema surge como ejercicio de salir a buscar la nada por el parque de Usaquén en medio de la vegetación, la música, el viento y el susurro de vendedores y paseantes. Me di a esta búsqueda con las sensaciones que me dejaba la lectura sobre los poemas de Carlos Obregón. Recordé también los diálogos de Juan Rulfo en *Pedro Páramo* que se confabulaban en esos momentos con los sonidos y los ecos de la muerte.

Stella Higuera

ALEJANDRA RETORNA

mejor hagamos un mundo para alejandra
mejor hagamos un mundo para que alejandra se quede.
JUAN GELMAN

La muerte prematura gime,
desanda en su espacio,
llega hasta la niña *borrada por la lluvia.*
La luz la consuela,
navega en sus aguas,
conquista su cuerpo hecho de lilas.
Ella encarna en cada palabra.

Comentario de la autora

Este poema lo escribí desde el dolor que me suscita la despedida tan temprana de Alejandra Pizarnik, cuyas lecturas me acompañaron durante la pandemia. Con ilusión poética, deseo un mundo más humano y perceptivo, capaz de comprender mejor a poetas y artistas que son rebasados por su sensibilidad y cercenan sus vidas en forma prematura.

Comentario del editor

Uno de los elementos más llamativos de los poemas de Stella Higuera es la capacidad de encontrar poesía en cualquier parte. Es, por supuesto, la perspectiva que se requiere para poder escribir, pues la poesía está en todas partes, desde los libros, el lugar que se presume más evidente, hasta la ferretería, que pareciera ser un lugar carente de poesía por definición. Y, sin embargo, ahí está.

En «La ferretería» se ve el mundo cotidiano de un negocio que está lleno de tornillos, varillas, tubos, cables, martillos, etc., desde una belleza que solo se aprecia cuando la poesía ha entrado en los ojos. Como Bohumil Hrabal en *Una soledad demasiado ruidosa*, en donde el protagonista encuentra un mundo perfectamente bello prensando papel reciclado en un ambiente que está lleno de ratas, o en *Dancer in the dark* de Lars von Trier, en donde Selma toma los sonidos de la fábrica en la que trabaja y los vuelve música, porque la música y la poesía están para quienes estén dispuestos a escucharla.

«Alejandra retorna» es un réquiem que tiene escondida una exigencia. Encuentra a una poetisa que admiraba, derrotada por un ambiente hostil para una persona de una sensibilidad infinita. No es fácil estar en el mundo siendo tan sensible como lo tuvo que hacer Alejandra Pizarnik, y se pide, tal vez porque ella misma ha sentido también esa hostilidad, un mundo más amable.

La invitación que se nos hace al leer estos poemas no es otra que a mirar lo que los fenomenólogos llaman el *lebenswelt* o la vida cotidiana, con los ojos de quien busca la belleza en todas partes.

5

Andrés Torres Guerrero

Pasto, 1973. Profesor universitario. El Instituto Distrital de Cultura y Turismo, IDCT, publicó *Una larga cita Sin remedio con la noche bogotana* (Beca Nacional de Investigación en Literatura, 2003). *Sótanos* (Elibros, 2011).

[UN NIÑO JUEGA EN LA OSCURIDAD]

Un niño juega en la oscuridad de un domingo en el que la amenaza del lunes trae consigo depresiones de otras tardes cuando la luz del sol atraviesa las entrelíneas de una persiana de umbrales y ausencias.

Los perros ladran en la oscuridad la tristeza de sus dueños. Entre las fisuras de esta noche, una leve brisa trae consigo la «nostalgia» por la vida que no he vivido; duelo por la vida no vivida o como lo anotó en un poema Ana Bocanegra Briasco:

«La mejor manera de provocar el destino tal vez sea ir a
                                                    [aquellos lugares a
los que precisamente uno nunca iría y dejarse trabajar
                                                    [por ellos.
Mi vida prácticamente entera es la que yo no querría
                                        [vivir y me trabaja
hasta mi desintegración».

Afuera el viento contra los cristales. Amontonar palabras como si eso determinara el rumbo de lo que se ignora y que sin embargo se (per)sigue. Adiós racionamientos, adiós trapecista, alucinado y ciego, que camina en la cuerda floja incendiando a cada paso toda posibilidad de fe. Adiós.

Nómada que se desplaza en la cuerda floja de las pasiones y transmuta el metal en semilla. Danza vital, convergencia, acto de sanación. Escucho a Leonard Cohen en «Dance me to the end of love».

ANDRÉS TORRES GUERRERO

Comentario del autor

Yo fui ese niño, ese adolescente, que sintió miedo de despertar a un lunes y tener que enfrentar el colegio, las tareas, las clases...; en últimas, la vida. Ahora que han pasado los años, hay días, momentos, en que ese miedo, esa incertidumbre de no saber qué va a pasar, de no tener un as bajo la manga, hace que el juego de la vida se sienta como una opresión, una depresión, una derrota. Solo Dios puede salvarme de mí mismo y mis circunstancias. La escritura, en este sentido, es una manera de conversar mientras se camina, es una forma de hacer un poco de claridad en medio de la oscuridad y la tristeza.

PARACAÍDAS

La vida es un viaje en paracaídas y no lo que tú quieres creer.
VICENTE HUIDOBRO

No estoy volando, estoy cayendo con estilo.
JOHN LASSETER

En la película *La Haine*, un hombre se arroja de un edificio y mientras cae, se dice: «hasta aquí todo va bien... el problema no es la caída sino el aterrizaje».

La escritura es traza (tela de araña: Aracne, Ariadna, Penélope), donde el hombre puede aferrarse para dar su salto y así posibilitar su vuelo.

La noche es una caída. El piso de muchas noches fue un teléfono que nunca sonó, una mano que nunca estuvo. Caemos. El despertador... hay que levantarse, a pesar de que la estructura ósea del espíritu esté deshecha.

ANDRÉS TORRES GUERRERO

Afuera en las montañas, en las calles, la muerte ha hecho su ronda. Cuerpos ofrendados a la indiferencia. La guerra ya está adentro, siempre lo ha estado. El fuego que prende el tonel de pólvora puede ser cualquier palabra o silencio.

De alguna forma, todos estamos cayendo y necesitamos de un compañero con el cual hablar en nuestra ruta. Aquellos que se han lanzado de la azotea de un edificio, quizá fue porque, entre otras razones, no encontraron a alguien con quien hablar mientras vivían su caída...

Nos resguardamos para no sentir el vértigo. Pero cuando un piñón en la maquinaria de la cotidianidad se descompone, se hace evidente nuestra caída, y es ahí cuando cualquier hombre puede manifestar su vértigo arrojándose.

Pero, cuando nuestros sueños se desploman corremos el peligro de caer con ellos. Por eso necesitamos de un compañero, no para salvarnos de la caída porque en ella estamos todos, sino para crear una conversación que se convierta en paracaídas.

Caída

Chejfec anota: … todo lo que se edifica es una promesa de ruina, lo que se acaba de levantar también. Uno vive rodeado de escombros; habitar casas significa ocupar ruinas… [CHEJFEC, Sergio (2000). Boca de lobo. Lima: Animal de invierno, 2015. p. 22]. Pero Él les dijo: «¿Ven todo esto? En verdad les digo que no quedará aquí piedra sobre piedra que no sea derribada» [Mateo 24:2]. García Márquez, afirma: Nada en este mundo debe ser más tremendo que los escombros de un hombre [GARCÍA MÁRQUEZ, Gabriel (1955). La hojarasca. Bogotá: Editorial La Oveja Negra, 1982. Capítulo 10. p. 112.]. Alguna vez dije, quizá con razón: la cultura primigenia se convertirá en un montón de ruinas y al final quedarán solo cenizas, pero sobre estas cenizas flotarán espíritus [WITTGENSTEIN, Ludwig (1981). Observaciones. México: Siglo XXI. p. 17].

Conversación

«Los espíritus de nuestra biblioteca husmean nuestros cuerpos» (Manuel Esteban Espitia). «¿Qué podemos hacer con los agravios si no es filosofía? ¿Cómo vengarnos si no es con la belleza?» (Belén Castellanos). «La poesía exige incandescencia, / vivir, o haber vivido, entre las llamas, / bajar al propio infierno sin más guía, / haber mirado el mar sin esperanza / y conservar, al menos, un puñado / de cenizas que aún quemen en el alma» (Victoria León). «La voz de la poesía lo derrumba todo y, a la vez, lo construye todo» (Augusto Rincón). «A veces de noche, enciendo la luz para no ver mi propia oscuridad» (Antonio Porchia). «El desastre oscuro es el que lleva la luz» (Maurice Blanchot). «Verdadera Luz / la que surge de la Noche / Verdadera Noche/ de la cual surge la Luz» (François Cheng). «Hay una grieta en todo / así es como entra la luz» (Leonard Cohen). «El arte es una herida hecha luz» (Georges Braque). «Sin herida no hay arte / es la fisura por donde sale el poema» (Raúl Zurita). «La cicatriz es el lugar por donde entra la luz» (Rumi). «La lucidez es la herida más cercana al sol» (René Char). «La luz talla su diamante incandescente en lo oscuro» (Audomaro Hidalgo). «Una herida, un trauma, una angustia, son imposibles de comunicar. Se puede rodear la cosa, balbucear palabras, sabiendo que eso se escapa, que es otra cosa. Y sin embargo creo que solo hay comunicación en la herida» (Emmanuel Biset). «De pronto, una se da cuenta de que la herida, por singular y concreta que pudiera parecer, no era solo suya, preexistía a su efectuación. La queja se transfigura entonces en grito de guerra» (Laura Llevadot). «Supongo que soy poeta porque donde otros ven una herida yo solo estoy observando el próximo poema» (Marwán).

Comentario del autor

El acto de escribir, comparado con una telaraña, es a la vez frágil e intrincado: una forma de «agarrarse» a algo en medio del caos. La metáfora de la conversación como paracaídas eleva el diálogo de mera interacción a un acto profundo de salvación mutua. No es la prevención de la caída, sino la compañía dentro de ella lo que proporciona una salida o una clave a nuestras problemáticas.

Las referencias a Leonard Cohen y Vicente Huidobro crean un puente entre el arte y la vida, sugiriendo que la música, la poesía y el cine son los paracaídas que construimos para nosotros mismos y quizá para otros. La alusión a *La Haine* aporta urgencia a la narrativa, un recordatorio visceral de cómo la tensión entre la caída y el aterrizaje define nuestra lucha cotidiana.

Andrés Torres Guerrero

[UNA MUJER LLEVA A SU HIJO DE LA MANO]

Una mujer lleva a su hijo de la mano. De repente, ella zarandea al niño y le grita que se vaya. Él está con el uniforme del colegio y en la espalda carga su maleta. Observo cómo sus ojos se llenan de lágrimas. Sale corriendo, pero, algunos metros más allá, regresa y le dice a su mamá: «¡Dame un beso!». El niño, que escasamente tendrá unos ocho años, la abraza y ella lo besa. Él le dice adiós, dejando con su gesto un aire de fortaleza y bondad…

Comentario del autor

Las respuestas están en un signo, en un texto, que te encuentra en una calle, en una página de un libro o una revista, en una conversación que escuchas en una cafetería… Una mañana vi esa imagen, vi a ese niño y en él encontré a un aliado, a un ángel que me sanó, me curó del rechazó que sentía por esos días en los que caminaba por entre grietas y derrotas...

Comentario del editor

Todo escritor sabe que en su escritura lleva las huellas de todos los textos que ha leído. Hay una construcción de los textos a partir de los textos de otros. Esta intertextualidad que a veces es negada por una pretensión de originalidad casi imposible lleva implícita la humildad de quien se sabe atravesado por lo que han dicho los demás. Así sucedió con T. S. Elliot, que, después de publicar *Tierra baldía*, añadió como comentarios las referencias que había tomado para su escritura. Nadie escribe de la nada. Lo sabe también Andrés Torres Guerrero. De todo bebe la escritura y, en este caso, nos es evidente cuando encontramos en su poesía a otros poetas, pero también a músicos y cineastas.

ANDRÉS TORRES GUERRERO

No hay que pasar por alto que parece haber dos temas recurrentes en sus poemas, la angustia existencial y la edad dorada. Encontrar en el simple gesto de un niño la bondad y la ternura ante un acto hostil parece indicarnos que la infancia es una época de sosiego y belleza que no es carente de cierta preocupación, como la llegada del lunes, pero que aun así mantiene la esperanza por el futuro.

Esa evocación parece contrastar con la imagen de la caída constante que es la existencia. El miedo al golpe, porque sabemos que el golpe es el final, nos lleva a un vértigo permanente de la existencia. Sin embargo, ante un panorama desolador en donde todos estamos cayendo, la compañía puede servirnos de paracaídas. Esta respuesta final a la caída existencial contiene la misma ternura que el gesto de un niño que pide el beso de despedida a su madre. Es la esperanza en un mundo hostil.

6

Daniela María Gómez Trujillo

Es bailarina, estudiante del movimiento, la improvisación, observadora de la naturaleza, docente de danza implicada en la relación con los cuerpos diversos, el espacio, el tiempo. En sus creaciones la palabra ha sido provocación para llevar a cabo procesos de investigación-creación, acercándose de manera intuitiva a la escritura expandida centrada en lo que acontece, integrando la oralidad que relata un cuerpo y sus recuerdos. Se formó en la Universidad Distrital Francisco José de Caldas como maestra en Artes Escénicas opción Danza Contemporánea 2015, realizó residencias artísticas en México, España y Colombia. Es artista interdisciplinar de la Maestría de Teatro y Artes Vivas de la Universidad Nacional 2023. Actualmente es parte de la compañía bogotana Danza Común, está vinculada al trabajo colectivo y circula de manera independiente su obra.

[DIABLITOS BAILARINES PREFIEREN PINTARSE LA CARA]

diablitos bailarines prefieren pintarse la cara se ausentan se va a notar en la siguiente clase de improvisación su travesura su falta de cuernos al embestir la pauta coreográfica caerán sobre los tobillos hasta gritar monstruosamente será lo único que hagan bien además de escuchar en volumen moderado las canciones pop que aleatorias se reproducen de sus teléfonos celulares de que están hechos los deseos de estos espantos que no saben de práctica autónoma ni de experimentar lo raro de otro modo que no sea usarlo superficialmente a través de la pintura con la que agrandan sus ojos cansados

¿qué se cree la arpía que escribe ironías haciendo estas preguntas poco empáticas en el día de las brujas?

Comentario de la autora

Me quedé observando las acciones de algunos estudiantes, era 31 de octubre. Me disfracé de bruja.

[LA REDONDEZ DEL CUERPO A LA ESPERA DE LO QUE MUEVE LA PALABRA]

la redondez del cuerpo a la espera de lo que mueve la palabra la vibración de lo dicho el sonido haciendo efecto en el sistema esqueletal nervioso linfático fatiga el significado

la espiral puede en su huracanado movimiento emerger fuerza centrípeta que avanza violenta por el espacio su continuidad paisaje vivido en pausa fragmentaria la voluntad se derrite entre la muerte a la vida la esperan gusanos hambrientos que abren sus minúsculas bocas con ellas pacientemente comen la primera letra mancillan el sonido sorben su vibración se retuercen en colectivo orgiásticos volúmenes de saciedad conquistan vísceras y devoran los restos de la palabra

Comentario de la autora

Luego de haber dado una clase de danza contemporánea, noté que los huecos entre una clase y otra tienen un sonido particular, se escucha una constelación de voces pegadas al techo. Ese eco imparable a distintos volúmenes influenció mi escritura.

Daniela María Gómez Trujillo

DESBARRANCADERO

los extraños pierden a sus familiares
los familiares de los extraños
pierden la vida por eso no lloran
cesan

observo sus gestos de nostalgia
los pierdo al intentar reproducirlos

nostalgia

he perdido el lagrimal por eso no lloro
la lucidez familiar de perder la vida
a cuentagotas sin que se note

un desconocido dijo: —estás llena — vital
de vitalidad están llenas las pérdidas

he perdido una vez más el concurso docente
pero esta vez llegué hasta la entrevista
la experiencia no era suficiente

estuve a un segundo del primer puesto
como un deportista de alto rendimiento
que está a milésimas del ganador

pierde la oportunidad
de haber ido a la universidad
por preguntarle a su mamá en los setentas
si habría de permitirle a su novio
que le pagara la carrera

pierde

glándulas mamarias tejido adiposo
conductos galactóforos areola pezón
las hebras del cabello

pierde un diente que había dejado bajo la almohada
sangre
sangre pierde

pierde el color palidece
le dan a probar azúcar
pierde la concentración
se eleva vive elevada

Daniela María Gómez Trujillo

maravillada

le dan de beber pérdidas de otros
le lloran las manos los pies
un llanto hiperhidrosis

se ríe para no llorar
como Garrik: —actor de la Inglaterra—
pierde en la sonrisa la voz se queda muda

escucha

Mandolín de Gustavo Pena
pierde un turno y su caballo

Comentario de la autora

No consigo ser indiferente al duelo de quienes asisten a la casa funeraria que está junto al edificio en el que vivo. Uno retazos de esas historias desconocidas, le doy la bienvenida a los fragmentos en voz alta, tomo la opacidad del recuerdo de una mujer, adhiero los míos y aparece el *collage* en la escritura.

Comentario del editor

La escritura de un artista es diferente a la de quien se dedica solo a la escritura. Pareciera que le fuera imposible desligarse de su arte al momento de escribir, lo que hace de su poesía una experiencia otra, tanto poética como artística. Y así como en los poemas de Artaud sentimos el teatro y en los de Spinetta la música, en la poesía de Daniela María Gómez Trujillo sentimos la danza, como si las palabras bailaran. Cada poema tiene un ritmo diferente, una lectura que nos pide estar atentos, que iniciemos de nuevo hasta que lo leamos sin equivocaciones, creando imágenes con nuestras palabras, así como se crearían con el cuerpo si estuviéramos bailando. Si Jacques Lecoq habló del cuerpo poético, aquí presenciamos una poesía con cuerpo. No hay arte sin poesía ni poesía sin arte y en

DANIELA MARÍA GÓMEZ TRUJILLO

estos poemas es quizá en donde más se siente la esencia artística de la poesía.

En «Diablitos bailarines» presenciamos a una bruja cansada de ver la frivolidad de unos diablos, tal vez pobres diablos, que en lugar de ensayar la coreografía prefieren pintarse y se llaman bailarines, aunque no bailen. Es una escena cómica que termina en la confrontación de sí misma. Incluso si se mantiene el tono de queja por la ausencia del baile, es el poema en donde quizá más se siente la danza. En «La redondez del cuerpo» se llega a un momento de consciencia del presente que está en otro nivel, en donde el momento de silencio se llena de sonidos como ecos que cada vez llenan más el espacio y todos están relacionados con la experiencia poética que se ve plasmada en el texto. Por su parte, «Desbarrancadero», que la autora califica como un *collage*, tiene una polifonía que recuerda a los escritores surrealistas, aunque el poema supera esta misma perspectiva y expone las heridas abiertas que son propias y de otros.

Es posible que estos sean los poemas que requieren una mayor atención del lector, pero por lo mismo son los más originales, sin que sea este un adjetivo vacío, pues logra una originalidad que está llena de belleza poética.

7

Juan Sebastián Robles Castellanos

Nació el 17 de septiembre de 2000 en Bogotá, en el barrio Altamira. Se graduó en 2016 del colegio INEM Francisco de Paula Santander, con énfasis en ciencias y matemáticas. Ese mismo año, comenzó a explorar el teatro y a leer sus poesías en eventos escolares y filosóficos. Ingresó a estudiar una licenciatura en inglés, pero dejó la carrera para trabajar, irónicamente, como profesor de dicho idioma y así sustentarse. Mientras tanto, seguía recitando sus poemas en bares y micrófonos abiertos, al fin de poder tener un alcance un poco más real con su espectador. Más allá del historial, su relación con la poesía ha sido una práctica hecha hábito por la cual plasma sus dudas, miedos, gustos, frustraciones, logros y fantasías; lo suyo y lo que alcanza a percibir de otros. Es un «algo» vivo al que él se aferra aun cuando se siente ignorante nadando en la vastedad de este.

FANTASÍAS ANIMADAS DE AYER Y HOY

I

Me dormí en la negra fronda eterna.
Y, como un ciervo frente al rifle,
por fin conocía mi destino:
Calles ensangrentadas por musgo,
la polución calcificada
entre costilla y pulmón;
y la constante lluvia ácida.

Un futuro, en que ver al cielo
significaba ceguera absoluta;
y esta era era enterrada
entre estalactitas de hielo.

Desanduve por el pasado
y sólo llegué a un pueblo
fantasma, lacerado
por la voluntad del diablo.

Entonces, vi tecnopatías renales,
cápsulas de cáncer y traumatismos;
criaturas abisales, danzando
en un ritual orgiástico
alrededor del anticristo.

Comentario del autor

Considero que es una carta de amor al apocalipsis. Apareció en un documento que había escrito tiempo atrás. Quisiera que se notara la propuesta de imágenes e ideas del poema.

II

Así que cómo decir que
a veces llego tarde
y que me arde la piel
al no verte. Pero
es que no alcanzo.

Fracaso ante esta urbe que
me retrasa como al
campesino en el Palenque
o al palestino en Gaza.

Tal vez sea esa franja
escasa de piedad y con
un hambre eterna la
que toca lidiar. Mas
edad tras década pasa
pero no la mierda
y qué ganas de huirle.

Por eso, a veces me entrego
a hacer, crear, loas al atardecer;
a solas, donde poco o nada
me alcance; ni las olas, ni la
marea que puedan subirse a
mi cuerpo pa luego corroerme
hasta los huesos: es mi ego.

Pero, qué importa,
si es que ese es el aguante
y no puede esquivarse.

Ante tal vil adversidad
toca resistir como arce
o como roble, o como un
palo sin nombre, justo
a la mitad de un lago
lleno de musgo.

Como nadie
entre los nadie y su disgusto.
Como nadie.

Comentario del autor

Este es más un intento de preguntarse por la insignifican-
cia e influencia del ser en el universo palpable y sufrible.
Me inspiró lo que veo pasar desde mi realidad más cercana
hasta los extremos del mundo que no he vivido.

Juan Sebastián Robles Castellanos

III

Tiendo a complejizar cada
detalle. Como transfigurarse
tras usar la piel de
otro mamífero, según son
mis costumbres.

Un mapache cuando la
noche raya y se retorna
a la madriguera de
un aroma dulzón.

Cuando las uñas largas
se hacen cómodas
y el sol deforma mi cara
con una mancha del tamaño
de mis lentes.

Qué mañas.

«*Racoon*», susurra mi
subconsciente agresivo,

«gato», cuando habito
las alturas donde
las moscas ya
no sobreviven,
«buitre», si mi sed de
carne se pone por
encima de lo que
ya está muerto
—las flores muertas—,

«zángano», las veces
en que me convierto
en una abeja más,
exprimiendo la hiel
yerta, como la sangre
de esta colmena fragmentada.

Entre el jaguar y el
murciélago mi *ello*
se queda con el último.

Es que mi aura a
menudo se viste

JUAN SEBASTIÁN ROBLES CASTELLANOS

con un negro grisáceo
derretido en degradés
púrpuras; como el
color del propio abismo.

Y es mi costumbre ser
un ánima que sobrevuela,
con hambre, las noches de
cosecha.

«Humano», tan sólo
cuando la gula y el deseo
reclaman más.

Comentario del autor

Esta es la fantasía más reciente y casi por eso es la más honesta. Considero que surge de un proceso por aceptar los propios ciclos y las actitudes de mi persona, queriendo encarnar dichas imágenes en costumbres más naturales que las humanas.

Comentario del editor

La posibilidad de crear imágenes y percibirse como un pintor no está lejos de la labor poética y es, de hecho, una necesaria, aunque poco común, habilidad para escribir poesía. Juan Sebastián Robles la tiene. Un cuervo ante un rifle, criaturas abisales danzantes, un mapache que se oculta, la gama de colores de su propia aura… Y de pronto nos sorprendemos buscando las imágenes como si cada poema hubiese surgido frente a un cuadro de Goya o el Bosco.

No deja de lado, sin embargo, la preocupación por las palabras. Busca las palabras precisas y las deja como flotando en el aire para después asirlas y ponerlas en su texto. Si requiere utilizar una palabra y no sabe si es *racoon* o *gato* o *cuervo*, toma las posibilidades y no las pone como una mera enumeración, sino que las explora y profundiza en cada una, como Poe pensando si es más adecuado escoger para su poema un cuervo o un loro. Así como tampoco es inocente que aparezca una palabra como *tecnopatía* para describir el fin del mundo y mucho más si está ligada a los riñones, ¿cómo puede haber tecnopatías renales?

Sería incorrecto no señalar también que estos poemas tienen una preocupación existencial. En el tercer poema, por ejemplo, hay casi una resignación por solo ser un humano cuya alma inconforme pide más del mundo y todo se queda en deseo. Y es un casi, porque en realidad no hay resignación, hay un lamento. Así también en el segundo poema, cuando afirma «pero es que no alcanzo», se percibe una suerte de súplica para ser comprendido, una justificación del detenerse a hacer loas al atardecer.

La tarea del poeta, como dijo Borges, es encontrar la poesía en todas partes. Aquí asistimos a su búsqueda y, felizmente, a algunos de sus encuentros.

8

Jessica Marcela Santos Barbosa

Actriz, poeta, soñadora y cantante. Nació el 8 de mayo de 1994 en la ciudad de Bogotá. Desde sus 12 años interesada en las artes, camino que trazó su norte hasta ahora, Mar Santos es licenciada en Artes Escénicas de la Universidad Pedagógica Nacional. Directora, dramaturga y docente del colectivo artístico y cultural La Enredadera. Apasionada por la escritura, de textos poéticos y teatrales.

TRANSFORMACIÓN ARÁCNIDA

Qué se le puede hacer si la lluvia tumba las casas
Y no queda más que entretejer los azares
Para construir una nueva
En cada rincón del planeta
En las montañas o en el mar,
        Con la seguridad de que cada vez
Vendrá la lluvia a llevársela de nuevo.
        La imposibilidad de la Antártida
           En la caída que balancea el viento
             Dentro del opistosoma
              Las glándulas de
        Hilos infinitos que transforman la red.
Es la recámara
Para descansar ocho ojos confundidos
        De ver   Vacíos
    Fractales   Abismos
       Quiebres Rupturas
Mesotelios, quelíceros y aracnomorfos
Esta red que es mi casa la hice para perderme
Para invitarte a que vueles cerca de ella

Pero si entras
No te aseguro que puedas irte
La declinación te aliviará del peligro
Siento tu presencia por la vibración del suelo
Tal vez un paso sea el fin
Tal vez el fin sea un paso.

Comentario de la autora

Este poema está atravesado por la observación a las arañas en relación con la concepción de hogar que tenemos
las personas. Es decir, pensaba en la inestabilidad de los
hogares, casi como las arañas tejiendo sus casas con la
mayor dedicación y esfuerzo, produciendo su propio hilo
como metáfora de la fragilidad de la existencia y lo inevitable del azar.

REESCRIBIR

Escucho una palabra en mi cabeza,
Se multiplica,
No entiendo sus relaciones, pero…
De un pan puedo llegar a un campo de flores,
        Entonces me acerco
            Cuando las toco, se marchitan
            Convirtiéndose en
                [pequeños
Insectos recorriendo mis manos
      Carcomiendo el tacto de tus caricias…
         Estoy acostada sobre el césped de una
           [escuelita de campo
    Y es como si un ángel me susurrara el futuro en mis
           [pensamientos…
Cuando pienso en la lluvia…
Termino arrastrada por un torrente de agua salada
   Que es mi misma tristeza arrastrándome en la sal
      Llego a una playa recóndita, mi delirio de esta
           [noche.

JESSICA MARCELA SANTOS BARBOSA

Cuando siento, escribo y pienso
       Silenciosos desiertos que llegan a mi boca
     Se atascan las palabras de arena en mi garganta
     Las escribo para que el camino viejo no se asfalte
    [desesperado por la gota del agua prometida,
                Se cristalizan las gotas
Y rompen las puntas de mi cuchillo: el lápiz.

COMENTARIO DE LA AUTORA

Este poema nace por la pregunta de la improvisación teatral a partir de los juegos de palabras y el encadenamiento mental de las ideas. Inició como un juego y terminó por darle una razón de ser a este poema, que es uno de mis favoritos. Creo que la poesía te atraviesa la piel y mis poemas los leo como esa gota de sudor que se resbala en la frente y te hace sentir que estamos hechos de temperaturas y de la sorpresa de estar vivos.

JESSICA MARCELA SANTOS BARBOSA

MEMORIAS

Escarbo entre los recuerdos
Te acompaño en tu búsqueda de añejo
En los conectores de tu psiquis
Los cabellos trenzados
Promesas de eterna hermandad
Los deseos que nos brindaban los
[frijoles de mamá
Esos mismos que nos llevarían
[a escalar por mundos inimaginables;
Lo abrupto que nos cortaba la noche
El desentendimiento y las presas de ave asadas
Con las violencias de la falta de comunicación y de plata,
Los tonos de la música en los labios del enano
[que curaba enfermedades,
Las melodías de súplicas
A costa de la libertad
Jugar la carrera contra el viento
En las llantas de un parque,
Las risas,
El dolor,

El afecto,
Los estragos por el desmande,
Las zancadillas con pie propio
Las que nos hacíamos entre nosotros.
Las fotografías experimentales,
Las largas discusiones del amor y otros sensuales
[demonios.
¿Y si viene una nube veloz queriendo arrancarnos
[todo de un golpe en la cabeza?
Escribiré hasta que se acaben las posibles conjugaciones
El sonido, las letras, los silencios.
Silencio.
Punzante pensamiento
Transformado en aire
Reflejado en el saberse herido,
Perdido.
Sin conciencia.
Confieso lo incrédula que soy
Me apuñalan sin piedad las palabras que salen de mi
[laringe
Creyendo que es lo correcto de decir
¿Cómo un desalentado puede brindarle aliento a la
[memoria si por la falta de aire
Asfixió sus recuerdos?
¿Cómo no derrumbarse de rodillas frente al propio
[descuido e irreductible regreso?
Todo por no olvidar.

Jessica Marcela Santos Barbosa

Comentario de la autora

Este poema lo escribí con el corazón en la mano. Uno de mis hermanos más cercanos tuvo un accidente de tránsito y sufrió un fuerte golpe en la cabeza, teníamos miedo de las consecuencias de ello y con la fuerza que las letras me han dado nace este poema en oda a la memoria, es un álbum de fotografías entre mi hermano y yo.

Comentario del editor

El instrumento del poeta es la palabra, tanto hablada como escrita. Es claro que la poesía nace siendo oral, pero la poesía visual no es menos antigua, ni nació con Apollinaire. Tres siglos antes de Cristo ya había un griego que escribía un poema sobre alas y ese poema tiene forma de alas y dice «el hijo de rápido vuelo soy llamado». La poesía se convierte entonces en un arte con la plasticidad de una pintura y la imagen del poema da paso a la imagen poética.

Así es la poesía de Marcela Santos, cuyos poemas nos sugieren una experiencia visual y una lectura diferente, que es, al mismo tiempo, distintas formas de leer. Así, el primer verso de un poema puede estar alineado a la derecha y el segundo a la izquierda. ¿Cómo debería leerse ese poema? Porque, al leerlo en voz alta, es posible que quien lo lea no haga ningún cambio en su voz y si los demás no lo están viendo se perderán de la perspectiva visual. ¿Qué significa ese primer verso alineado a la derecha? ¿Es un susurro, es otra voz? ¿Es ella hablándose a sí misma? Cada lectura será diferente, pero sugiere la perspectiva de lo que Eco llamaba una obra abierta, es decir, que se abre a múltiples interpretaciones.

Y, sin embargo, si solo tuviéramos la posibilidad de escuchar el poema, seguiría siendo un poema que no carece de belleza. El elemento visual no está como una distracción, es una sugerencia de lectura que cada quien hará a su manera y es, a la vez, una apuesta estética que permita sentir la fuerza artística al lector a medida que avanza a través del poema. No son, en todo caso, caligramas. Si escribe sobre la casa de las arañas, nos parece percibir a una recorriendo cada palabra, haciendo esfuerzos por no caerse en los abismos que pareciera haber entre palabras y que reflejan la fragilidad de sus casas. Luego sabremos que su fragilidad es también la nuestra.

JESSICA MARCELA SANTOS BARBOSA

9

Yecid Calderón Rodelo

Filósofo, artista y activista colombiano. Realiza su poesía a manera de dispositivo y herramienta de vindicación de sí, y de quienes se separan de las prácticas sexuales heterosexuales. Orienta su decir hacia un erotismo otro, no necesariamente gay, sino de sexualidades de bajo fondo.

RAÚL GÓMEZ JATTIN

Miro el paisaje de tu sino
esa sombra que se distiende sola
en medio de una bocanada de humo
una noche de lluvia
Miro la frontera proscrita de tu pecado original
ese vicio tan nefando
que corre todavía por las calles húmedas de Bogotá
                                              [nocturna

Miro el gorjeo de tu sexo
la sílaba genital
con dos cigarrillos rotos en el bolsillo del abrigo
y sin nada que comer desde hace tiempo
porque ese tipo de alimento ya no te interesa

Miro tu barba carcomida por el tiempo
los huesos centelleando en el calambre
la locura pertinaz
inclemente
de saberse a sí mismo descubridor

de un cielo vetado a todo mortal de carne no incendiaria
los que nunca han sentido abismos, como tú, por su
[columna vertebral

Supe de tu paso amordazado
por la lengua secuaz de los maltrechos corazones
hechos piedra de muros largos
Supe que venías cabalgando la estepa de tu vientre
sobre el perfil de una letra
narrada en el regazo de tu sombra
como apéndice de esos seductores desvaríos

Miro el inicio del nombre de aquellos hombres
náufragos tuyos
que siguen zozobrando erectos
en el pozo de tu tinta

Irreverente prosapia nos heredas
lejanos de ti ahora como estamos
monstrua abyecta
amor indócil
Raúl Gómez Jattin

Comentario del autor

La poesía, en tanto que acto creativo, no obedece solamente a un principio estético. La belleza de las frases acertadas y las materias que se describen en la poesía, a través de juegos visuales e imágenes en consonancia por mor de la estimulación sensorial e imaginativa, no son los únicos motivos que determinen la importancia de la poesía como acto de creación. La poesía también es un acto de reivindicación social y política e, incluso, puede ser un acto de realización y autoposición de sí. En consecuencia, la poesía también es una forma de autoconocimiento del poeta que finca con ella posturas libertarias en contextos opresivos.

A NÉSTOR PERLONGHER

¿Cómo no desearte, Néstor?
¿Cómo no atender a ese raro fenómeno de nosotras
—las locas mal paridas—
cuando en las noches se nos escurren chorros de gritos
de audacias
de locuras
por las yemas de los dedos?

¿Cómo mirar al otro lado y hacer de cuenta
que no nos ha pasado nada?
¿Que estos gestos tan enmascarados
que este tono de voz tan mujeril
que esta letra indomable
no tiene sus ocultos (visibles) enemigos
sus bien entrenados sabuesos?
¿Cómo quedarse parada
viendo las manecillas del reloj juntarse una vez más
para orar a las seis de la mañana
a sabiendas de que el rector
después de las laudes

Yecid Calderón Rodelo

nos convocará en su oficina
para tocarnos las piernas y susurrarnos en el oído
mientras casi nos babea el cuello?
¿Cómo no ser una ebria para disipar el tedio
de esas persecuciones tan finas
que en todo lado ardían
al calor de una moral pacata
de la complicidad y del encierro
cuando la lengua aún no era un arma
y la palabra estaba escasa de nuestra revolución
nuestra potencia
nuestro radical enfrentamiento?

Yo hubiera querido abrazarte un montón
cada noche
sin importar que hayas sido argentino
locota
perra
promiscua
y vulgar
sibila
sortilegio
Leerte en el silencio de una penumbra reposada
al calor de una taza de café
escribiendo estos rubores del sexo
a los que tanto machos suscriben

como tablas de la ley
escritas sobre sus propios miedos

Y caminar en carrileras abandonadas
las dos
con medias de malla
sin calzones
depravadas de nosotras mismas
tan íntimamente desamadas
tan flagrantemente aturdidas
tan carmesí
tan carne sí
tan putas
tan heroicas
tan en celo
Salir al arrabal y bebernos de un tajo los vodkas de toda
[la vida
y besar hombres guapos
hombres destejidos
deshechos
villanos
verdugos
necios
Pasearse por alamedas
calles y avenidas
con mujeres atrevidas que gustan del exceso

YECID CALDERÓN RODELO

de la carne palpitante
de calurosas consignas acerca del incesto
las calles de la amargura
los albures del deseo
las intensas nicotinas
sin pena de nada o sin pretender alguna gloria
o alguna especie de premio

¿Cómo no desearte a estas alturas de la historia que
[divaga
como mendiga del odio
recogiendo en lúgubres féretros
brazos y piernas
nombres y caras
ojos y besos?
Cuando recorro las líneas que te han sobrevivido
me reconduzco hasta el puerto
o la camioneta policial que persiguió los desvelos
¿Cómo no desearte, Néstor?
¿Cómo no amarte?
¿Cómo dejarte en paz?
¿Cómo no escuchar tu ensordecedor silencio?

COMENTARIO DEL AUTOR

Este poema, junto con el anterior, son una especie de homenaje a dos poetas homosexuales latinoamericanos, por haber hecho de la palabra una firme opción para autoafirmarse en una época mucho más hostil que la actual a las prácticas sexuales disidentes, lo que permite calificar su poesía como una escritura temeraria; una postura emancipadora enriquecida por la palabra cargada de magia y belleza, a pesar de lo trágico de sus destinos.

Yecid Calderón Rodelo

HÍBRIDA

Yo/ella
quimera boreal
que naufraga
como un tejido de agua
un graznido en la piel
un beso de salamandra en plena oreja

Yo/ella
implante de destierro
música azul
enojoso espasmo
locura pertinaz
negro amuleto

Yo/ella
mordedura de lo eterno
efecto de sustancia
ira del árbol
fuego secreto

Yo/ella contrapicada el aire
sueño matinal
vientre perpetuo
vagina sideral
humus y tedio
Yo/ella
hembra y mujer
varón y hombre
fisura en la pared
tango general
voz y olvido

Yo/ella
que oquedad del falo
el gesto en el orgasmo
la entrepierna velluda
el paroxismo en acto

Yecid Calderón Rodelo

Comentario del autor

Se sugiere un juego con el binarismo sexogenérico, mediante un devenir en permanente tensión entre los términos masculino y femenino. La/el poeta expresa que no se casa con género alguno, que fluye o se agita en el *betwixt,* la frontera y liminalidad sexogenérica, en una sexualidad que no consigna una identidad precisa, que no decanta del todo en ningún término fijo o esencial.

Comentario del editor

En uno de sus múltiples viajes, Tiresias se encontró con dos serpientes entrelazadas y las separó. Como consecuencia, se convirtió en mujer. Duró varios años así y cuando las encontró de nuevo, las volvió a unir y se convirtió en hombre. La experiencia de Tiresias no fue juzgada, había sido la consecuencia de un acto realizado a conciencia. En algunas versiones de la historia, se puede leer la palabra castigo. Así ha sido durante muchos años para las personas que han decidido, como un acto de libertad, su forma de amar y de percibirse en relación al género. Ser libre, en este sentido, es estar dispuesto a ser castigado.

Así sucedió a Néstor Perlongher, amenazado, perseguido y exiliado. Así sucedió a Raúl Gómez Jattin, quien, al final de su vida, era un habitante de calle. Ambos poetas, homosexuales, disidentes de las formas de amar impuestas en sociedades excluyentes ante el diferente. Los poemas que escribe Yecid Calderón acerca de ellos pueden verse como un homenaje, que puede ser una primera lectura superficial. Pero en una lectura más detenida, estos poemas hablan de Perlongher y de Gómez Jattin porque hablan de sí mismo, es decir, son un pretexto (texto previo) para hablar de la experiencia propia y del deseo de haber compartido con los poetas. «Yo hubiera querido abrazarte un montón», dice el autor, anhelando también ese abrazo, esa complicidad.

La poesía también puede ser militante, exponer una postura ética, política y estética ante el mundo. Las palabras como herramientas de denuncia, como piedras que buscan destruir pensamientos de opresión y exclusión ante todo aquel que no se adapte a las formas tradicionales impuestas. Como Bertolt Brecht o como Roque Dalton, que denunciaron injusticias desde el arte, que para ellos la poesía iba más allá del goce estético porque hablaban desde otro lugar de enunciación. Aun así, ninguno olvidó la ternura.

10

Alejandro Henao Plaza

Mi relación con la poesía empezó hace mucho tiempo, ya no recuerdo la fecha, sé que escribo cosas hace mucho, aunque no lo tenga claro. El recuerdo más vívido de leer poesía es de mi quinto año de primaria, tuve que leer *La alegría de querer*, siento que desde allí floreció en mí un gusto que hasta hoy permanece. Cuando pienso en mi inicio con la escritura recuerdo que en 2009 o 2011 las calles embarradas de la casa de mi infancia y mi juventud estaban llenas de agua, llovía a cántaros, era un barrio popular, cuando la lluvia se agotaba vi las gotas en un charco, gota a gota, una por una, yo sentado en una silla del plástico del restaurante de mi madre observé por varios minutos esas últimas gotas cayendo sobre el agua y ampliando lentamente su onda. Ese día escribí el primer poema que recuerdo, del que tengo registro. Basta con saber que es mi génesis, y que mi piel estuvo puesta allí. Años después seguí escribiendo, por amor, por tristeza, por revolución, por sueños... Hoy en día escribo mucho menos, soy un oficinista agotado y, en ocasiones, la desesperanza es tan fuerte que no alcanza siquiera para ponerla en palabras.

ELLA LA LLUVIA

Son diez años ya,
Las gotas no son las mismas,
Y no son menos.
Llueve a cántaros,
Llueve a voces,
Llueve y re llueve lo vivido.

Son diez años ya,
De abrazar a mis despojos,
De caminar con mis cenizas,
De pensar con mis recuerdos,
De conversar con mis tristezas.

Llueve y re llueve,
Al fin y al cabo, es el lenguaje del cielo.
Llueve cantando,
Llueve para lavar el alma.

Son diez años ya,
De unas gotas que no cesan,

Son diez años ya,
De amar la alegría
Como se ama la tristeza.

COMENTARIO DEL AUTOR

Pensaba en el camino, en todo lo vivido, y mis emociones luchando contra el mundo, y también contra mis propios dolores. Nunca había ido a psicología, y justo en 2021 inicié un proceso que me ha dejado profundos aprendizajes, y en el que he descubierto dolores y secretos que voluntariamente decidí olvidar.

BAJO EL DOLOR Y LA LLUVIA

A Esteban Mosquera, como a otrxs nunca lo conocí.
Aun así, se siente.

Altos que son los dolores
cuando matan a quien lucha.
LA MUCHACHA

Cualquier dolor lastima
mi carne, mi esqueleto.
OLIVERIO GIRONDO

Rutilante se mantiene la lluvia
en estas noches aciagas
vigila los rostros que palidecen
ante las desgarradoras nuevas
porque hace años dejaron de ser buenas
Cubre con su manto

ALEJANDRO HENAO PLAZA

las rodillas doblegadas
caídas sobre el barro
resienten de nuevo el llanto
La lluvia gotea sobre los rostros
agridulces son las mejillas
faltan tantos ojos
como faltan tantas lluvias

Miradas furtivas nos persiguen
a cada esquina una nueva
a cada instante mil latidos
el dolor no cesa
el miedo se ha hecho carne
Nos observan

nos mastican
nos estrujan
nos empujan
nos babean
se lamen
y relamen

Nuestras manos huyen y rehúyen
se mueven a tientas
entre la penumbra
sólo queda el tacto

nuevo puente y esperanza
entrelazamos los dedos
para cuidarnos las espaldas
Cruzando la calle una nueva lluvia
nos abraza
ya sin barro entre las piernas
su regazo nos acompasa
Contamos manos
acariciamos rostros
nuevamente uno falta

Las fauces ensangrentadas
se rifan los despojos
asechan mientras engullen
En la última esquina otro afecto
nos lo arrebataron
sus dedos caídos
se confunden entre la sangre y el barro
Con sus colmillos sonríen

preparan un nuevo silencio
una pausa se siente eterna

Aunque parezca un olvido
la lluvia nos lava
otra vez

ALEJANDRO HENAO PLAZA

nos protege nos limpia nos conforta
somos vida nueva
raíces en la tierra
sobrevivientes de miradas furtivas
Tu recuerdo
y los miles de recuerdos
se acomodan en nuestra piel
ahora son parte de nuestra memoria
nos quisieron arrebatar el goce
destruir nuestra alegría
pero aquí sigues
y siguen
cantando en cada gota
reviviendo en cada lluvia

Comentario del autor

Es una expresión de amargura, miedo y esperanza en un país donde durante siglos nos han matado por pensar diferente. Nunca conocí a Esteban, pero sentí tan hondo su muerte. Es la misma muerte de otrxs a quienes sí conocí, y la misma muerte de cientos y miles que no conocí. Son legados que se cruzan, se mantienen, están en nuestra piel. Los días oscuros, se hacían cada vez más oscuros, y ante el asesinato de un joven caucano no pude hacer más que escribir un poema, ¿qué puede hacer un poema ante la muerte?

SECRETOS

Nos susurran,
Nos atacan,
Nos laceran;
Abren un abismo intencionado
Entre nosotros,
Estamos a centímetros
E igual nos ignoramos.
Persiguen nuestros pensamientos,
Aterrorizan nuestra existencia:
Amanece y siguen allí,
Anochece y permanecen.
Son conversaciones inconclusas,
Inicios que no fueron,
Imaginación perdida,
Inmensos dolores.
¿Cómo preguntarnos?
Solías venir en noches de tormenta,
Sostenías mi mano en caminos oscuros:
Sabíamos ser el uno para el otro.
Los secretos no son otra cosa

Más que los dolores atrapados,
Más que las mentiras hechas sentencia,
Más que los miedos agazapados.

Comentario del autor

Lo escribí con un profundo dolor, con un miedo incesante, y como una vía para escapar de ellos, es una manifestación de insurrección personal, he plantado cara a mis tormentos con él.

Comentario del editor

Después de los años cincuenta, surgió en Colombia un fenómeno literario particular: las novelas sobre La Violencia. Así, con mayúsculas, La Violencia fue un período en donde personas del común se mataban unos a otros por un color político. A ese momento oscuro no le llegó uno de claridad, vinieron los levantamientos armados de las guerrillas, los gobiernos que utilizaban el terrorismo de estado para reprimir protestas y desaparecer estudiantes, se crearon grupos de autodefensas y paramilitares, y todo esto ante el auge del narcotráfico que tan hondo marcaría la historia de nuestro país.

La literatura no ha podido ser indiferente, desde entonces se han publicado incontables novelas, cuentos, ensayos, obras de teatro y, por supuesto, poesía. Lo más triste quizá es que, aun hoy, esa literatura se mantenga vigente porque nuestros problemas siguen vigentes. Y esa realidad nos cala hondo, como lo deja ver la poesía de Alejandro Henao Plaza.

No es necesario conocer a quienes son asesinados para sentir ese dolor, para sentir el desasosiego y la impotencia. ¿Qué podemos hacer? Escribir parece poco ante una realidad que a veces nos desborda. Pero, incluso con la realidad desbordada, escribimos, como lo hizo García Márquez y como lo hizo María Mercedes Carranza. Seguimos insistentes como la lluvia, nos dice el autor, que vuelve una y otra vez, que llueve y re llueve, limpiando, aun cuando ese no sea su objetivo.

11

Nicolle Monsalve

Bogotá, 2004. Es comunicadora social y periodista en formación con interés en el teatro y la poesía. Es miembro del Colectivo Teatro Luar y ha participado en diversas producciones teatrales y audiovisuales. Desde pequeña escribió cuentos y poemas que siguen en algún cuaderno olvidado. En el colegio descubrió la pintura y al llegar a las acuarelas se enamoró. En la actualidad, el teatro es su mayor interés y su preocupación más grande es hacer teatro para sentirse en otros cuerpos y en otras vidas. La poesía y el teatro le han permitido ver el mundo con otros ojos, unos más sensibles y otros tal vez más crudos. También es conocida por su seudónimo Coco, inspirado en una fruta, similar a la autora japonesa Banana Yoshimoto.

TODO SIGUIÓ SU RUMBO

Para A.B.C., otro honor banal

Todo siguió su rumbo
Nada se detuvo
Nosotros tampoco
No por gusto
Por obligación
Te hacemos honores banales
El vino en caja
El cielo
Los espacios
Los poemas
Este poema
No es por ti
Es por nosotros
Nadie dice tu nombre
Pero te recuerdan
Creía que escribiendo

Lo sentiría real
No es real
Es sentido
Nada se detuvo
Y todo permanece
Muy hostilmente
Siendo irreal
Ya no quiero entender
No quiero aceptar
Verlo es parte del duelo
Hablar es parte del duelo
Visitar es parte del duelo
Extrañar es parte del duelo
Un duelo al que creo
Que no tengo derecho
Pero que siento
A solas y en silencio

NICOLLE MONSALVE

Comentario de la autora

La relación que tiene el ser humano con la muerte es una de las más significativas. Este poema refleja la complejidad de perder a alguien y sentir que no hay derecho a vivir ese dolor, a atravesar el duelo, aun cuando hay cosas que te devuelven a su imagen y quisieras sentarte solo a sentir, pero no está permitido.

Las ceremonias fúnebres se hacen para que la gente pueda despedirse, y es parte importante del duelo. En un mar de emociones donde todo es irreal, los «honores» cobran sentido, pero solo para quien los hace, porque ese es su duelo, un duelo que se vive solo y que quizá nunca termine.

[YO QUIERO ESCRIBIR CON TANTA RABIA]

Yo quiero escribir con tanta rabia
Que al leerlo duela la garganta
Se quemen manos con el fuego
Que solo el dolor de mis palabras
Al ser pronunciadas
Hagan que todo arda
Pero no puedo
No por falta de rabia
Por falta de honestidad
De fuerza para admitir que por dentro
A mí me quema la rabia
Y la oculto con la única esperanza
De algún día sacarla y que a ti
Te queme la garganta
Cada palabra que pronuncies
Y que al final, al leer mi nombre
No puedas mover la boca
Y sientas en cada poro de tu cuerpo
Cómo arde y quema

NICOLLE MONSALVE

Haberme olvidado con tanta frialdad
Que solo el ardor de la rabia
Que cargo en el pecho
Te pueda hacer recordar

Comentario de la autora

Este poema no trata de rabia, sino de tristeza por no ser recordado. Escribir es la manera de organizar lo que se siente. No es necesario que alguien lo lea, aunque sí haya un deseo de ser leído, para que quien lo haga pueda sentir la culpa de olvidar, que en algunos casos se siente como un castigo.

Ese deseo se ve en el reproche y en la orden por notar las pequeñas cosas que cobran peso cuando se acumula la tristeza y se convierte en rabia. Sin embargo, lo más importante es reconocer ese dolor y aceptar que existe, que poco a poco ha consumido más de lo que debería.

Nicolle Monsalve

[CUATRO PATAS ME SIGUEN]

Cuatro patas me siguen
Y me mantienen con vida
Deja sus marcas en mi ropa
Me mira y no entiendo
No habla
No dice mucho
Solo me mira
Se acerca
Y no lo sabe
No tiene por qué saberlo
Tan sólo me mantiene con vida.

Comentario de la autora

Tengo cuatro gatas y todas me miran distinto. Aún sigo intentando entender qué significan sus miradas. Hace mucho dejaron de molestarme sus pelos en mi ropa, me parece que me hacen compañía y que de alguna manera quien los vea sabrá que me esperan, para mirarme como si quisieran contarme su día. Tal vez no nos entendamos del todo, pero tenerlas hace la vida más fácil, más linda y divertida. Hay una en especial que me mira mucho y me sigue. Es sencillo amarla sin que ella haga absolutamente nada. Esa es la esencia de mis gatas, que no necesitan nada para mantenerme con vida.

Comentario del editor

Decía Wislawa Szymborska que la realidad exige que la vida siga su curso. Aunque no sea por gusto, es tal vez una de las grandes tomas de conciencia que nos pide nuestro entorno cuando muere algún ser querido. En «Todo siguió su rumbo», la autora utiliza la poesía como una forma de llevar un duelo que siente que no le pertenece. Tratando de entender cómo es que la vida sigue su rumbo y casi preguntando por qué la realidad exige que lo vea. Por eso la muerte se siente irreal, y cualquier acto póstumo será parte de los «honores banales», pues aquella persona que ha muerto jamás los verá. La frustración de no entender la pérdida de alguien con quien se compartieron experiencias cercanas y el desconcierto por no entender una muerte que, quizá, fuera repentina, llena el poema de una sinceridad ante el desconcierto de la pérdida que se enfatiza en los versos finales cuando declara que lleva un duelo al que no tiene derecho.

Esa misma sinceridad se encarna en «Yo quiero escribir con tanta rabia», en donde parece encarnar los versos de Cintio Vitier: «De todo puedo despojarme / mas no de mis fieras palabras». Es un poema que retoma con fuerza una emoción que muchas veces cae en la represión y se condena a la autocensura. Más adelante nos enteramos de que es una rabia que se siente como otra de las tantas formas de la tristeza y que vive en la contradicción de un frío que arde.

La intensidad de la rabia o la tristeza del duelo no impiden, sin embargo, encontrar la ternura del mundo. La belleza que se encuentra en un acto cotidiano es la forma que le permite sostener su mundo. El animal no necesita saber qué significa para la poetisa, existe y le recuerda que existe dejando pequeñas huellas en su ropa. Más allá de la imposibilidad del lenguaje, la mera existencia de cuatro patas son lo suficiente para poder decir que la vida sigue su curso, que todo siguió su rumbo.

12

Keila Ovalle

Nacida en Cúcuta, Norte de Santander, escritora, docente y gestora de proyectos pedagógicos. Ganadora en versiones anteriores de la segunda y tercera convocatoria pública de Estímulos de la Secretaría de Cultura de Cúcuta–Colombia. Maestra con gran convicción de la educación como camino hacia la transformación social, además de abordar, de forma trasversal y específica en los últimos 10 años, la escritura terapéutica con población en condición de discapacidad como una herramienta para la mejora en habilidades comunicativas. Actualmente es docente rural y gestora literaria.

PROFECÍAS

Cuando se nubló mi juicio tras su paso entendí una vez más que la existencia, al menos la mía, está sujeta a unos hilos invisibles y tensionados dibujados detalladamente desde la eternidad.

Ahora solo quedan recuerdos, memorias, pinceladas y brochazos que evocan el dolor que hoy ya sanó... Iba a pasar, lo sabíamos, ya estaba dicho, la fecha de caducidad y expiración por la omnipotencia del escritor, del profeta.

Comentario de la autora

La vida del ser humano es la suma de momentos que otorgan sentido y vida a la realidad, pero, sobre todo, de memorias e historias; con frecuencia queremos creer que cada capítulo de nuestra vida responde a algo más grande que nosotros mismos y justo en esta inflexión «Profecías» resulta ser un espejo en el que todos en algún momento nos miraremos. Todo pasa, pero lo sabemos cuando ya pasó.

Keila Ovalle

CONSAGRACIONES

Decidí hacerte un altar, consagrar un espacio con flores, aromas y velas a tu nombre. Tal vez jamás podrás saberte en ese espacio, en el mío, pero algo de ti se quedará en ese lugar y prometí devolverlo. Fue imposible, te acunaste como el pequeño al calor del vientre que lo hospedó.

Así de profundo,
Así de sagrado,
Así de siempre.

Comentario de la autora

Por las palabras no dichas, por las risas no expresadas y también por las caricias no dadas. Los puntos suspensivos —dentro y fuera del texto— otorgan incertidumbre, congoja y dolor; por ello, solo nos resta abrazar la pieza de la vida con la melodía que fluye de ella, dejándonos un único camino, la contemplación. «Consagraciones» evoca todo de lo cual no podremos huir jamás, pero que, desde la calma, sabremos llevar en nuestra memoria.

KEILA OVALLE

TUMBAS Y JARDINES

Sepulté un recuerdo vivo y nació un jardín.

Enterré en el pie del árbol que me vio crecer una caja con tus memorias y al instante germinó un jardín, con flores silvestres y pajarillos revoloteando.

Colores, olores y texturas adornaban la exquisitez de la vida tras la vida.

En el jardín, entendí que me debía la contemplación, el renacer y el creer. Así te viví de una forma distinta, irreal —pero distinta— y que así también se puede vivir, también se puede ser feliz, también se puede florecer.

Sepulté un recuerdo vivo y nació un jardín.

Comentario de la autora

Hay presencias que están aún con la ausencia y en este poema yace el amor transformado de mi hermano menor que solo estuvo con nosotros unos días luego de su nacimiento. Sus memorias son un jardín repleto de colores y aromas que adornan nuestra alma. El cómo serían los días con él es una pregunta que siempre tendremos en el pecho; sin embargo, hemos decidido recorrer el camino de la contemplación. En honor a él, en honor a mi madre y en honor a la luz que eclipsó su breve paso por el mundo.

Comentario del editor

¿Cuál es la palabra exacta para expresar la pérdida? Louise Glück afirma, con una suerte de belleza cruel: «Voy a decirte una cosa: todos los días / muere alguien. Y eso para empezar». Nadie podría tener las palabras definitivas frente a la forma de sobrellevar un duelo, todos lo sentimos de forma individual pero también con una extraña familiaridad. El eco de la expresión de quienes han vivido un duelo y han tratado de buscar las palabras, como una forma de abrir la herida que supura y que requiere ser drenada; ese eco nos llega y de alguna forma sentimos que esas palabras son también nuestras.

Sin embargo, puede que lo más difícil de escribir so-
bre el duelo y la pérdida sea que, como tantos lo hemos
vivido, sea fácil caer en lugares comunes. No es este el
caso. No me equivocaría al decir que uno de los versos
más bellos escritos sobre el tema sea «Sepulté un recuer-
do vivo y nació un jardín». La poesía de Keila Ovalle
supera lo que ya se ha dicho y arroja una nueva luz que
permite entender el dolor de otra manera, incluso sin
que este sea su propósito, porque siendo una poesía de
carácter intimista, llega a ser universal escribiéndose a
sí misma.

No será difícil para el lector reconocer las bellas imá-
genes que se presentan en los poemas, llenas de flores
que nos traen un olor a nostalgia y a recuerdos.

13

Elizabeth Castañeda

Nació en la ciudad de Barranquilla hace seis décadas. En esta ciudad fundó la revista *AVES LIBRES*, que luego cambió su nombre por *CUACAYATA* en el año 83. Se trasladó a Bogotá para ejercer la profesión docente, ya que es licenciada en Lenguas Modernas y Español de la Universidad del Atlántico. Publicó el primer libro de poesía en el 2007, titulado *Ficción del Párpado*.

LABOR POÉTICA, SIGLO XXI

El poeta trabaja cada palabra como nueva.
Sella una imagen.

Cruza el tiempo en un verso,
en contexto, desnudo, perpetuo.

Sugiere más urbes que hatos y arroyos,
romantiza los objetos tecnológicos,
la ambición aérea, la oscuridad marina,
la inquietud asoma en algunas líneas.

Reescribe el desamor, la ansiedad,
el temor, el belicismo, el desdén.
El lector hereda emociones antiguas.

En la memoria poética habita otro universo
en alguna lengua extraña se escribirá de lo mismo.

Comentario de la autora

De origen nocturno, escribo de noche, corrijo de día. Siempre nos preguntamos por el destino de la creación poética, sobre todo cuando hay circunstancias que nos desaniman. Los temas son los mismos, pero ¿cómo abordarlos con las mismas palabras de nuestro idioma, si la poesía es y será eterna? Tal vez el uso de las flores plásticas y otras cosas artificiales me sugirieron algunas líneas, «en la memoria poética habita otro universo», aunque las flores se mimetizaron en este verso.

Elizabeth Castañeda

LOS CUARENTA Y TRES

¿En dónde vaciaremos este dolor de madre,
de anciana, de amigas y de hermanas de Ayotzinapa?
Los padres, aún, no desatan el nudo en sus gargantas.

¿En dónde recogeremos las flores azules
si desconocemos el lugar que fermenta los cuerpos de
[los estudiantes?
No alcanzan a las raíces ni a las copas
Los ojos jóvenes
las manos de jóvenes
las bocas para jóvenes
los pies sobre jóvenes
el futuro entre los jóvenes
el habla con los jóvenes
lo hecho por los jóvenes
la angustia ósea bajo los jóvenes.

Los culpables amputan los oídos,
La luz de las súplicas en las pupilas
de los hombres que ciegan las vidas.

Su autoridad timbra un pacto de silencio.
Desprecian el eco de las madres
que buscan los corazones normalistas.

Las preguntas son las mismas y a veces otras.
De gusanos, se hinchan las respuestas.

Comentario de la autora

Estuve de vacaciones con mi hijo en México. Caminando vimos una gran carpa con fotos y todo lo que conlleva un espacio de denuncia y dolor. Era el año 2016. Pregunté el porqué del lugar y me contaron la historia. Quedé impresionada por el número y la condición de los desaparecidos: 43 estudiantes. En el 2019 aún no había claridad sobre los hechos y la verdad no aparecía, y hoy en día tampoco. En el 2018, comencé a escribir este poema.

LECHE

Horas de silencio en su mueble.
El gato caza desde sus ojos
Los sonidos bailan en sus orejas
La cola a veces baja o se esconde entre sus patas.
Blanco, obeso y tranquilo
espera un ratón que desconoce.
El aire le regala una polilla
su salto no le alcanza
para lograr un minúsculo juguete.
Espera el ritmo de la voz de su ama.
Doméstico, el silencio de la alcoba no lo perturba
Leche, el gato que intercambia la osadía
por manos que lo acaricien.

Comentario de la autora

Muchos poetas han escrito a sus gatos o a los gatos. Este gato aún vive en Buenos Aires. Tiene 14 años de vivir con su ama. Ella comenta que el amor y los cuidados lo mantienen vivo. Ella dice que es un ser de mucha templanza y sabiduría. Pero el poema en sí surgió de ver una polilla volando en la sala y pensé que si tuviera un gato tal vez la cazaría. Recordé a Leche y después de algunos años de conocerlo me propuse a evocarlo.

Comentario del editor

Hay una historia común que hemos compartido los países latinoamericanos, una historia triste de desapariciones forzadas, masacres y gobiernos corruptos. Del 2002 al 2010 hubo en Colombia un suceso que aún hoy no se esclarece por completo y que fueron ejecuciones extrajudiciales por parte del ejército, militares asesinando civiles para hacerlos pasar por bajas de combate. Se les puso el nombre de falsos positivos y la última cifra ronda las 6402 personas, de las cuales todavía hay muchas que no se sabe dónde están enterradas. Sobre este suceso escribió el mexicano Carlos Fuentes en su libro *Adán en Edén*. El 27 de septiembre de 2014, en México, el ejército participó en la desaparición y asesinato de cuarenta y tres estudiantes de la Escuela Normal Rural Ayotzinapa. Ese dolor que sintieron las madres de los estudiantes desaparecidos de Ayotzinapa y de los falsos positivos, en esa cruel historia común que comparten México y Colombia, es un dolor que solo puede imaginar una madre que, además, lo hace a través de la poesía, como es el caso de Elizabeth Castañeda.

Sin embargo, esta poetisa que piensa en el dolor del otro se ocupa también de pensar en lo que significa hacer poesía en este siglo. Una poesía que ya no piensa en la naturaleza, sino en ciudades, y que ve a la tecnología como algo hermoso. Es la herencia del futurismo, tal vez. De todos los avances que hubo en el siglo xx en materia tecnológica y poética, la poesía se ocupa hoy en día de los mismos temas de los cuales se ocupa hace siglos. La esencia del poeta se mantiene, parece decirnos, pues reescribimos, incluso en otras lenguas. Aun con todo, no se deja de lado la ternura, pues, siguiendo una larga herencia de poetas y escritores, le escribe a un gato.

Los poemas de Elizabeth Castañeda hablan directamente. Parece decirnos que la poesía sigue viva hoy en día, en las voces de los desaparecidos y en el movimiento de los gatos.

14

Emilio Jaramillo

Nació en Bogotá. Es docente universitario, poeta, ensayista, dramaturgo y traductor. Publicó el libro de ensayos *El árbol del Edén, escritos sobre literatura* (Fallidos Editores, 2021). Dentro de sus traducciones se encuentran *Dispersión* de Mário de Sá-Carneiro (Fallidos Editores, 2021), *Cuentos japoneses de amor y guerra* de Yei T. Ozaki (Satori, 2021), *Misceláneas japonesas* de Lafcadio Hearn (Satori, 2022), *Cuentos tradicionales japoneses* de Yei T. Ozaki (Quaterni, 2023), *Cuentos tradicionales de los Ainu* de Basil H. Chamberlain (Miraguano, 2023), *Cuentos ilustrados japoneses* de Teresa P. Willinston (Satori, 2024), y *Lo que piensa el corazón, poemas de amor no completos* de Fernando Pessoa (Abisinia Editorial, Universidad El Bosque Editorial, 2025).

CORDERO

que no nos mate
la rutina
ni la tristeza

llevemos el duelo
amor
o agradezcamos la fantasía

y llevemos
contra natura
nuestra maternidad
al límite de la agonía

y olvidemos el favor del dios astado
y no solo olvidemos
ignoremos

por si acaso en algún momento
la armonía piensa
en abandonarnos
amor

si este frágil cordero
que nos llegó
hija por hijo
quisiera abandonarnos
pese a nuestro sacrificio
sabiendo
indiferente
la felicidad que nos arrebata

quedémonos paralizados entonces
a la sombra del dios Pan
escuchando su flauta
y dejándonos morir en el lecho de un huerto
o junto al tractor

tratando de alcanzar al cordero
cordero
de otro dios

EMILIO JARAMILLO

Comentario del autor

Las hermosas imágenes que aparecen en un cuento de hadas contemporáneo escrito por Sjón me llevaron a tratar de entender cómo la pérdida de algo tan querido como un hijo se puede afrontar al presenciar lo fantástico, aunque la experiencia no sea permanente y nos lleve a la muerte. Más que afrontar el duelo, es la presencia de los mitos en el mundo actual lo que me interesa, el dios astado que podría ser Cerunnos o Pan, que es imponente y que reclama lo que le pertenece.

DIAMANTBERGWEG, 28

A Paula Galvis

No las palmeras movidas por la brisa
Ni el sol ocultándose en el mar
tras la silueta de un velero
Tampoco las aguas cristalinas
O las olas meciendo nuestros cuerpos
Ni la arena blanca ni las gaviotas
sobrevolando sobre nosotros
No

Eran los perros buscando alivio del calor
Era la iguana de cola turquesa
y la fruta recogida del suelo
Era el especiado *Johnny Cake* y la *Ginger Beer*
Y el ritmo sincopado del vecino baterista recordando al
[*Buffalo Soldier*

Emilio Jaramillo

Eras tú durmiendo en mi hombro mientras íbamos en
                                                      [el autobús
Éramos nosotros caminando por la calle
regresando del mercado con la compra
a la pequeña casa en Diamantbergweg
Y el árbol junto a la iglesia que se veía por la ventana
cuando tomábamos café cada mañana

Lo recuerdas mi amor
La belleza de lo cotidiano
Las imágenes de la felicidad

Comentario del autor

Derek Walcott decía que el Caribe era más que el paraíso de playas y aguas cristalinas que suelen ver los turistas. La estancia en Aruba tuvo connotaciones distintas al estar lejos de los sitios turísticos y vivir junto a los isleños en su cotidianidad, sin ningún exotismo en la mirada, exaltando las imágenes rutinarias que no eran menos bellas que las hermosas playas llenas de turistas.

Emilio Jaramillo

LA PIANGÜITA

Yo que hasta hace poco descubrí las margaritas
con la misma sorpresa con la que conocí el pacífico

Con la sensación de estar presenciando
la esencia poética del mundo
y de la historia misma
plasmada en selvas vírgenes
en arenas oscuras
o en el océano de donde viene la vida
que me reclama y pide que vuelva a donde pertenezco

Si acaso me dejara llevar por el oleaje...

O si tan sólo pudiera dedicarme a observar las nubes
acostado en las arenas negras de La Piangüita
mientras los pescadores imitan a las aves...

Mas si el océano me llama
y pide que me vuelva parte del agua esmeralda
sin que pueda volver a tener la sorpresa de descubrir

una margarita o
una buganvilia
Que al menos me convierta en Sierpe que está
⠀⠀⠀⠀⠀⠀⠀⠀⠀⠀⠀⠀[en constante caída
y así tal vez pueda volver a ver alguna flor
que no pretende belleza
como tampoco la pretendo yo

Que me lleve el oleaje
para dejar de sentir el vértigo de la vida
y estar por fin en la profundidad...
o ser nube tal vez
para que se funda en mí el dorado rosáceo del atardecer
y pueda caer después con libertad
indiferente a lo que pase en el mundo de los seres humanos
siendo tan sólo por la dicha de ser
sin sentido alguno
dejándome caer sobre los pétalos malva del gualanday

Si acaso el océano me reclama algún día
si la atracción centrífuga de las olas me llevara al fin
como a Alfonsina o a Calum
dejo manifiesto que seguiré viviendo
en las aguas o en el cielo
o en una margarita que maraville a quien la ve
y que esta vez lo haré con menos tristeza

Emilio Jaramillo

Comentario del autor

Se plasma aquí el deseo de ser parte de la naturaleza para poder existir en tranquilidad, sin apego alguno por el mundo y vivir tan solo para la contemplación del universo, sin ninguna pretensión, entendiendo que el océano no es más que una margarita y que tampoco le importa serlo.

Comentario del editor

Dice Alberto Caeiro, uno de los heterónimos de Fernando Pessoa, «Si ya estuviera muerto, / Las flores se abrirán de igual manera/ Y los árboles no serán menos verdes que la primavera pasada. / La realidad no me necesita.» Tal vez no haya nada más difícil en nuestra existencia que el desapego al mundo material, incluso a aquello que nos es intangible y que relacionamos con las experiencias estéticas. Sin embargo, la idea persiste desde hace miles de años, desde el gran libro del Tao y las enseñanzas de Buda, e incluso antes. Esta perspectiva del desapego a una realidad ilusoria y vana es lo que está de manera transversal en mi poesía. Llevan el deseo de poner la mirada en los acontecimientos de la existencia sin el dolor del apego, pero disfrutándola, como Baoyu al darse cuenta de que ni la posición de su familia ni las exigencias sociales eran realmente importantes; o Siddhartha cuando abandona su vida de lujos y regresa junto a Vasudeva.

Puede que esta idea esté de manera más explícita en «La Pangüita», poema escrito después de ir caminando y encontrarme por primera vez con una margarita plantada en el jardín de una casa. Estaba ahí sin importar que yo conociera de su existencia y siguió ahí, indiferente a la mía. No le importaba ser hermosa o majestuosa. Pensé entonces que el océano, inmenso como es, también sería indiferente a mi existencia. Y, si de allí es de donde viene la vida, quizá, al volver a él, se iría ese peso existencial por querer ser parte de algún lugar. Sin importar si el océano pudiese o no transformar mi ser en una imponente cascada como la Sierpe, en medio de un manglar cuya belleza parece imposible que esté en este mundo. Este deseo, sin embargo, no busca eludir la responsabilidad social colectiva, como expone Sartre. Cada uno es responsable de su propia existencia, por más ilusoria que sea. Lo que se busca es, tal vez, cambiar la mirada. Así, en «Diamantbergweg, 28» interesan más las imágenes de la vida cotidiana de los isleños que las playas paradisiacas.

Las imágenes que prevalecen en mi poesía son las mismas que seguirán cuando la mayoría de nosotros no estemos aquí, como en el poema de Caeiro. El mar

Caribe o el océano Pacífico, o la llanura islandesa que es escenario de los sucesos de un mito; la realidad no precisa de mí, y esa sentencia, contrario a lo que podría pensarse, no me atormenta: es liberadora.

Todas las er*r*atas de este libro
han sido colocadas estratégicamente.